Revues de l'OCDE sur la création locale d'emplois

Montréal métropole de talent

PISTES D'ACTION POUR AMÉLIORER L'EMPLOI, L'INNOVATION ET LES COMPÉTENCES

Cet ouvrage est publié sous la responsabilité du Secrétaire général de l'OCDE. Les opinions et les interprétations exprimées ne reflètent pas nécessairement les vues officielles des pays membres de l'OCDE.

Ce document et toute carte qu'il peut comprendre sont sans préjudice du statut de tout territoire, de la souveraineté s'exerçant sur ce dernier, du tracé des frontières et limites internationales, et du nom de tout territoire, ville ou région.

Merci de citer cet ouvrage comme suit :
OCDE (2017), *Montréal métropole de talent: Pistes d'action pour améliorer l'emploi, l'innovation et les compétences*, Éditions OCDE, Paris.
http://dx.doi.org/10.1787/9789264264458-fr

ISBN 978-92-64-26444-1 (imprimé)
ISBN 978-92-64-26445-8 (PDF)
ISBN 978-92-64-26446-5 (epub)

Série : Revues de l'OCDE sur la création locale d'emplois
ISSN 2519-4763 (imprimé)
ISSN 2519-4771 (en ligne)

Crédits photo : © iStockphoto.com/mustafahacalaki.

Les corrigenda des publications de l'OCDE sont disponibles sur : *www.oecd.org/about/publishing/corrigenda.htm*.
© OCDE 2017

La copie, le téléchargement ou l'impression du contenu OCDE pour une utilisation personnelle sont autorisés. Il est possible d'inclure des extraits de publications, de bases de données et de produits multimédia de l'OCDE dans des documents, présentations, blogs, sites Internet et matériel pédagogique, sous réserve de faire mention de la source et du copyright. Toute demande en vue d'un usage public ou commercial ou concernant les droits de traduction devra être adressée à *rights@oecd.org*. Toute demande d'autorisation de photocopier une partie de ce contenu à des fins publiques ou commerciales devra être soumise au Copyright Clearance Center (CCC), *info@copyright.com*, ou au Centre français d'exploitation du droit de copie (CFC), *contact@cfcopies.com*.

Préface

Les Villes et les Régions métropolitaines sont en première ligne des efforts qui sont menés à travers les pays de l'OCDE pour accroître la prospérité et créer des emplois plus nombreux et de meilleure qualité. On retrouve au sein de ces territoires urbains un concentré des enjeux et défis auxquels nos sociétés contemporaines sont confrontées, comme le creusement des inégalités, l'insertion des jeunes et des populations immigrantes sur le marché du travail, le ralentissement des gains de productivité. Face à ces défis, les Villes détiennent les clés du progrès et du changement. Au plus près des problèmes et des acteurs de terrain, elles peuvent mettre en place des stratégies plus intégrées, mieux adaptées et plus efficaces.

Cette tâche est cependant complexe puisque les Villes n'ont pas la possibilité d'agir sur tous les leviers de la politique publique. À Montréal comme ailleurs, d'autres niveaux de gouvernement sont impliqués dans la gestion des programmes visant le marché du travail, le développement des compétences, l'innovation et l'entrepreneuriat. Si des transferts de compétences au niveau des Villes peuvent s'avérer bénéfiques afin que celles-ci réalisent pleinement leur potentiel de développement économique et social, ces évolutions institutionnelles ne constituent pas une condition suffisante pour que les politiques connaissent de meilleurs résultats. Il est essentiel d'apprendre à mieux travailler ensemble, et de mettre en place des mécanismes de gouvernance mettant efficacement à profit les atouts que présente chacun des partenaires, encourageant ainsi une bonne gestion des politiques publiques.

Le rapport Montréal Métropole de Talent a pour but de nourrir les réflexions de la Ville de Montréal et de ses partenaires sur les moyens par lesquels les différents secteurs d'intervention pourraient le mieux contribuer au développement économique et social de la ville, et plus généralement du Québec et du Canada. Il propose une stratégie pour créer des emplois plus nombreux et de meilleure qualité, dans des entreprises plus productives qui utilisent pleinement les talents disponibles et incitent les jeunes à acquérir davantage de compétences et à innover. Pour cela, il est essentiel que l'ensemble des domaines d'intervention soient mobilisés et que des mesures concrètes soient prises afin d'accélérer le développement des PME, de stimuler l'innovation sous toutes ses formes au sein des entreprises de toute taille, ou encore de favoriser le développement et l'utilisation des compétences, y compris parmi la population issue de l'immigration.

J'espère que la Ville de Montréal et l'ensemble de ses partenaires trouveront les recherches et orientations exposées dans la présente publication utiles et applicables, car c'est par leur mobilisation autour d'une nouvelle stratégie ambitieuse que les défis de la croissance inclusive pourront être relevés.

Lamia Kamal-Chaoui,
Directrice, Centre pour l'entreprenariat, les PME,
le développement local et le tourisme, OCDE

Avant-propos

Ce rapport a été préparé par le Programme de l'OCDE concernant le développement économique et la création d'emplois au niveau local (LEED) dirigé par Sylvain Giguère. Il s'inscrit dans le cadre des Revues de l'OCDE sur la Création locale d'emplois que le Programme LEED de l'OCDE mène dans de nombreux pays afin de proposer des recommandations factuelles et pratiques sur la manière de soutenir au mieux l'emploi et le développement économique au niveau local.

Les auteurs de ce rapport sont Sylvain Giguère et Pierre Georgin, de l'OCDE, et Normand Roy, consultant. Ce rapport a bénéficié de contributions de la part de Jonathan Barr, Nathalie Cliquot et Michela Meghnagi, de l'OCDE. Les auteurs aimeraient également remercier François Iglesias pour son assistance.

Les responsables du Programme tiennent à remercier les représentants des organismes gouvernementaux, municipaux et métropolitains, ainsi que des organisations des secteurs privé et non-gouvernemental qui ont contribué à cette étude en participant aux entretiens et tables-rondes, en fournissant des données et des documents et en formulant des commentaires sur les versions précédentes de ce rapport.

Table des matières

Acronymes et abréviations 8

Résumé 11

Chapitre 1. **Vers une nouvelle stratégie pour relever les défis de la métropole**....... 15
    L'évolution récente de la gouvernance à Montréal 17
    Les opportunités et défis liés à l'évolution vers un statut de métropole 20
    Note. 22
    Références 22

Chapitre 2. **L'emploi et l'économie à Montréal, une mise en perspective internationale**.. 23
    Équilibrer l'offre et la demande de compétences pour favoriser la création d'emplois de qualité 24
    Comment se positionne Montréal 25
    Affiner le diagnostic 27
    Quelques conclusions sur les forces et faiblesses de l'économie montréalaise ... 42
    Notes. 43
    Références 44

Chapitre 3. **Les actions menées à Montréal : principaux constats**................. 45
    Thème 1. Mieux coordonner et adapter les politiques de l'emploi, du développement des compétences et du développement économique aux réalités montréalaises 47
    Thème 2. La création d'une économie locale productive – Ajouter de la valeur grâce aux compétences et éviter le piège de l'équilibre à faible niveau de compétences 57
    Thème 3. Soutenir l'entrepreneuriat, l'innovation et le développement économique. 63
    Thème 4. Faire en sorte que la croissance soit inclusive – Le développement économique et des compétences au service de l'intégration de tous au marché du travail 79
    Note. 83
    Références 83

Chapitre 4. **Des pistes d'action pour Montréal**................................. 85
    Volet 1. Structurer, renforcer et mieux cibler l'appui au développement des PME 88
    Volet 2. Favoriser l'innovation croisée et ascendante au sein de l'économie locale. 90

Volet 3. Stimuler la demande et l'utilisation des compétences par la formation
et la recherche... 91
Volet 4. Élever le niveau des qualifications................................. 93
Volet 5. Favoriser l'insertion des immigrants au marché du travail
et aux dynamiques d'innovation... 94
Implications pour la gouvernance et le statut de Métropole.................. 95
Références... 98

Tableaux

2.1. Aires métropolitaines de l'OCDE sélectionnées........................... 28
2.2. Évolution des secteurs d'activité en termes de PIB, Montréal, 2007-13.... 34
2.3. Évaluation comparative de l'aire métropolitaine de Montréal............. 43

Graphiques

1.1. La Communauté Métropolitaine de Montréal et ses cinq secteurs
géographiques.. 18
2.1. Équilibre entre l'offre et la demande de compétences, régions administratives
du Québec, 2011... 26
2.2. Équilibre entre l'offre et la demande de compétences, sélection d'aires
métropolitaines d'Amérique du Nord, 2011.................................. 27
2.3. Taux de croissance annuel moyen de la population, 2000-14................ 28
2.4. Ratio de dépendance démographique (âgés), 2014........................... 29
2.5. Soldes migratoires international et interprovincial, RMR de Montréal,
2002-14... 30
2.6. Niveau de qualification de la population (25-64 ans), 2011............... 31
2.7. Produit intérieur brut par habitant (USD 2010), 2012..................... 32
2.8. Évolution du PIB par habitant (USD 2010), 2000-13........................ 33
2.9. Productivité des travailleurs (milliers USD 2010), 2012.................. 33
2.10. Répartition de l'emploi selon le secteur d'activité, Montréal, 2014..... 34
2.11. Demandes de brevets pour 10,000 habitants selon la procédure PCT, 2008.. 37
2.12. Activités d'innovation des PME canadiennes au cours des trois dernières
années (pourcentage des PME interrogées), 2014............................ 37
2.13. Taux d'activité, 2014... 40
2.14. Comparaison des taux de chômage des populations immigrées
et nées au Canada, 2014... 40
2.15. Part des personnes au chômage dans la population active, 2013........... 41
2.16. Proportion de personnes au chômage dans la population active,
sélection de métropoles nord-américaines, 2000-14......................... 41
3.1. Le cadre d'action publique : résultats du tableau de bord............... 48
3.2. Flexibilité, coordination, données locales.............................. 48
3.3. La création d'une économie productive grâce aux compétences............. 57
3.4. Entrepreneuriat, développement économique et innovation................. 63
3.5. Croissance inclusive.. 79

Suivez les publications de l'OCDE sur :

 http://twitter.com/OECD_Pubs

 http://www.facebook.com/OECDPublications

 http://www.linkedin.com/groups/OECD-Publications-4645871

 http://www.youtube.com/oecdilibrary

 http://www.oecd.org/oecddirect/

Acronymes et abréviations

AEC	Attestation d'études collégiales
AEP	Attestation d'études professionnelles
AMT	Agence métropolitaine de transport
BDC	Banque de développement du Canada
BINAM	Bureau d'intégration des nouveaux arrivants à Montréal
CAMAQ	Comité d'adaptation de la main-d'œuvre de l'aéronautique du Québec
CCMM	Chambre de commerce du Montréal métropolitain
CCTT	Centres collégiaux de transfert technologique
CEGEP	Collège d'enseignement général et professionnel
CEM	Conseil emploi Montréal
CLD	Centres locaux de développement
CLE	Centre local d'emploi
CMM	Communauté métropolitaine de Montréal
CPMT	Commission des partenaires du marché du travail
CRE	Conférence régionale des élus
CRPMT	Conseil régional des partenaires du marché du travail
CS	Commission scolaire
DEC	Développement économique Canada
EDMT	Entente sur le développement du marché du travail
EFCE	Entente sur le Fonds canadien pour l'emploi
ETS	École de technologie supérieure
IMT	Information sur le marché du travail
ISQ	Institut de la statistique du Québec
MAMOT	Ministère des Affaires municipales et de l'Occupation du Territoire
MEESR	Ministère de l'Éducation, de l'Enseignement supérieur et de la Recherche
MESIE	Ministère de l'Économie, de la Science et de l'Innovation
MI	Montréal International
MIDI	Ministère de l'Immigration, de la Diversité et de l'Inclusion
MTESS	Ministère du Travail, de l'Emploi et de la Solidarité sociale
NEET	Not in Education, Employment or Training (ni étudiant, ni en emploi, ni en formation)
OCDE	Organisation de coopération et de développement économique
PME	Petites et moyennes entreprises
QI	Quartier de l'Innovation
R-D	Recherche et développement
RMR	Région métropolitaine de recensement
SADC	Sociétés d'aide au développement des collectivités
SAE	Service d'aide aux entreprises

SC	Statistique Canada
TPE	Très petites entreprises
TIC	Technologies de l'information et de la communication

Résumé

Principal moteur de l'économie Québécoise, Montréal possède des atouts indéniables pouvant lui permettre de se positionner comme acteur majeur en termes d'innovation et de développement économique au niveau national et international. La ville est caractérisée par un certain dynamisme démographique, alimenté notamment par l'immigration internationale, ce qui permet aux employeurs montréalais de disposer d'une main d'œuvre abondante. Grâce à la présence d'institutions d'enseignement supérieur et de recherche de grande qualité, la métropole Québécoise possède en outre une grande capacité d'attraction et de formation des talents. Le tissu économique montréalais comprend de nombreux acteurs innovants et bien positionnés dans des secteurs à forte valeur ajoutée, à la fois au sein de grappes industrielles fortement structurées et d'un écosystème dense d'entrepreneurs et de PME. La qualité de vie et l'environnement physique propice aux activités d'innovation sont également des atouts majeurs pour la ville.

Au cours des dernières années, ce potentiel de Montréal ne s'est pas pleinement concrétisé en termes de création d'emploi et de richesse collective. Alors que la reprise économique faisant suite à la crise de 2008 a été plus forte au Canada que dans l'ensemble de l'OCDE, l'économie montréalaise a été marquée par une relative atonie et le taux de chômage y reste structurellement élevé. Comme l'indique le faible niveau de productivité des travailleurs, le taux élevé de surqualification de la main d'œuvre et les difficultés rencontrées par de nombreux individus, notamment les moins qualifiés et les immigrants, à accéder à l'emploi, les conditions propices à la création d'emploi de qualité ne semblent aujourd'hui pas réunies.

Plusieurs éléments peuvent expliquer ce paradoxe. Le niveau de qualification de la population semble tout d'abord insuffisant au regard du potentiel de la ville en matière d'éducation et de formation, limitant ainsi le stock de compétences sur lequel l'économie locale peut compter. Face à cette offre limitée de compétences, le dynamisme des activités productives est globalement faible, du fait notamment de la présence d'une majorité de très petites entreprises peu innovantes et tournées exclusivement vers le marché local. Par rapport à ses pairs nord-américains, l'économie montréalaise se trouve ainsi dans un équilibre à faible niveau de compétence et faible niveau de productivité. La dualité du tissu économique montréalais s'accompagne d'une polarisation grandissante du marché du travail local entre des emplois de qualité dans des secteurs à forte valeur ajoutée et des emplois de moindre qualité ne nécessitant pas ou peu de qualification dans des secteurs tels que le commerce et les soins de santé et assistance sociale. Il existe ainsi un risque qu'une part importante de la main d'œuvre se trouve bloquée dans des emplois de faible qualité, peu rémunérateurs et n'offrant pas de possibilités d'avancement.

Face à ces défis, de nombreuses initiatives ont été mises en place par les pouvoirs publics et les acteurs économiques et de la société civile afin d'encourager l'acquisition de compétences, de stimuler le développement des activités productives et d'innovation, ou encore de favoriser l'insertion professionnelle de certains publics cibles. Ces initiatives se développent dans un cadre de gouvernance améliorée en comparaison avec la situation analysée dans l'examen territorial de l'OCDE publié en 2004. Ce dernier avait notamment pointé les déficiences en termes d'isolement institutionnel et de fragmentation des décisions. L'impact des politiques publiques et des initiatives locales semblent néanmoins pâtir à la fois de moyens trop limités ou dispersés, et d'un manque de coordination entre les interventions dans les domaines de l'emploi, du développement économique, de l'éducation et de la formation, ou encore de l'immigration. Certains de ces domaines d'intervention sont gérés de manière trop rigide pour répondre de manière optimale aux défis qui se posent à Montréal. Les pouvoirs publics doivent par ailleurs mieux adapter leurs interventions aux nouvelles logiques d'innovation et de développement local, faisant une large place aux dynamiques de réseaux et à la collaboration entre acteurs divers, et s'affranchissant ainsi des logiques sectorielles et des chaînes de valeur linéaires.

De nouvelles orientations stratégiques sont nécessaires pour placer la métropole sur une trajectoire allant vers un équilibre à haut niveau de productivité et de compétences. Améliorer la capacité de Montréal de créer plus d'emplois et de meilleure qualité commence par une meilleure utilisation des talents, qui accroît l'innovation et la productivité tout en incitant la population à acquérir plus de compétences. Montréal doit briser le cercle vicieux des faibles qualifications et des emplois de basse qualité qui se nourrissent l'un l'autre, ouvrir les horizons des jeunes comme des petites entreprises et capitaliser pleinement sur le potentiel présenté par l'immigration.

Ces objectifs ne pourront être atteints qu'au travers de l'adoption d'une stratégie globale, intégrée et activement poursuivie par l'ensemble des partenaires du territoire dans les différents domaines concernés. Au travers de son leadership fort, la Ville de Montréal peut favoriser l'émergence et la mise en place effective d'une telle stratégie, en jouant un rôle accru de mobilisation des acteurs politiques et socio-économiques locaux et en portant un agenda ambitieux de transformation de l'action publique. Un statut de métropole pourrait favoriser l'établissement d'un cadre intégré impliquant ces acteurs autour d'une stratégie commune. Celle-ci pourra se décliner en une série d'actions concrètes et coordonnées agissant à la fois sur le développement économique, l'innovation, l'éducation et la formation technique et professionnelle, le marché du travail et l'immigration.

Montréal Métropole de Talent : Pistes d'action

1. Structurer, renforcer et mieux cibler l'appui au développement des PME
   - Internationaliser pour mieux innover
   - Stimuler l'innovation interne au sein des PME
2. Favoriser l'innovation croisée et ascendante au sein de l'économie locale
   - Renforcer les initiatives mobilisatrices
   - Élargir les processus d'innovation
   - Décloisonner les grappes industrielles
3. Stimuler la demande et l'utilisation des compétences par la formation et la recherche
   - Renforcer le rôle des établissements d'enseignement dans la promotion de l'utilisation des compétences

> **Montréal Métropole de Talent : Pistes d'action** *(suite)*
> - Impliquer davantage les universités dans le développement économique local
> - Insérer les employeurs dans l'élaboration des cursus de formation technique et professionnelle
>
> 4. Élever le niveau des qualifications
>   - Favoriser la continuité des parcours d'éducation par un partenariat entre universités et cégeps
>   - Assouplir la formation technique et professionnelle
>
> 5. Favoriser l'insertion des immigrants au marché du travail et aux dynamiques d'innovation
>   - Co-déterminer les besoins en matière d'immigration
>   - Fournir une formation mieux adaptée aux besoins des immigrants
>   - Orienter les mesures de soutien vers l'intégration au marché du travail
>   - Faciliter la création d'entreprises par les immigrants
>   - Cibler les jeunes issus de l'immigration

Chapitre 1

Vers une nouvelle stratégie pour relever les défis de la métropole

> *Ce chapitre propose une vue d'ensemble du contexte socio-économique et institutionnel actuellement à l'œuvre à Montréal. Il synthétise les principales forces et faiblesses de l'économie montréalaise et fait le point sur l'évolution récente de la gouvernance à l'échelle municipale et métropolitaine. Enfin, il introduit les principaux défis et opportunités liés à la création d'un statut de métropole pour Montréal, notamment au regard de la nécessaire mise en place d'une stratégie de développement économique local ambitieuse et partagée par l'ensemble des parties prenantes.*

Région métropolitaine vaste qui comptait un peu plus de 4 millions d'habitants en 2014, Montréal dispose de nombreux atouts pouvant lui permettre de mieux se positionner comme acteur majeur de l'innovation et du développement économique en Amérique du Nord et au sein de l'OCDE. La ville possède un immense réservoir potentiel de talents, qu'ils proviennent de la population formée dans les institutions d'enseignement supérieur montréalaises de grande qualité ou des nombreux immigrants qualifiés que la ville attire chaque année. Ceci est un facteur essentiel de développement dans le contexte économique actuel conférant une importance grandissante aux activités liées à l'innovation, à la fois technologique et non-technologique, et nécessitant un apport important en compétences. Le dynamisme relatif de la population montréalaise, notamment grâce à l'immigration internationale, permet aux employeurs de disposer d'une main d'œuvre abondante. Le tissu économique de Montréal est diversifié, comme l'indique la présence de grappes industrielles structurées dans des secteurs variés à forte valeur ajoutée, et la ville possède en outre un écosystème d'innovation dense comprenant notamment de nombreuses start-up innovantes dans des secteurs émergents tels que les technologies de l'information et de la communication, incluant les jeux vidéo, ou encore la santé, mais également dans les champs de l'économie sociale et solidaire et de l'économie collaborative.

Comme beaucoup d'autres grandes zones urbaines de l'OCDE, Montréal connaît des évolutions majeures du point de vue démographique, spatial, économique et social liées au phénomène de métropolisation : étalement urbain, mobilité croissante, augmentation des nuisances (pollution, engorgement), ou encore fragmentation et ségrégation sociales et spatiales. La métropole Québécoise fait par ailleurs face à des défis importants en termes d'emploi, de compétences et de développement économique. Elle est caractérisée par un taux de chômage structurel élevé en comparaison avec les autres métropoles nord-américaines. Le marché du travail local tend à se polariser entre des emplois de qualité dans des secteurs de pointe et des emplois de moindre qualité nécessitant peu de qualification, entraînant la surqualification d'une partie de la main d'œuvre. L'intégration des jeunes et des immigrants au marché du travail, ainsi que la rétention des individus les plus qualifiés, sont des problématiques importantes. Selon certaines mesures, le tissu économique de Montréal, principalement composé de PME, voire de très petites entreprises, semble se caractériser par une faible productivité et doit relever certains défis en termes de dynamisme des capacités productives.

Face à ces défis multiples, les acteurs publics se doivent de mettre en place des stratégies coordonnées, intégrées et suffisamment flexibles pour s'adapter aux réalités locales. Des politiques nationales ou des initiatives locales dans un domaine particulier risquent d'être inefficaces si elles sont prises de manière isolée et sans tenir compte des spécificités montréalaises. Ainsi, à titre d'exemple, une augmentation du niveau d'éducation de la population à Montréal n'apportera certainement pas de résultats satisfaisants en termes de création d'emplois de qualité si le marché du travail local n'offre pas d'opportunités aux travailleurs correspondant à leur niveau de qualification ou si les employeurs n'utilisent pas de manière efficace les compétences de leurs salariés.

La Ville de Montréal et le gouvernement du Québec mènent actuellement des discussions visant à doter Montréal d'un statut de métropole. Ceci représente une opportunité de mettre en place une stratégie globale, mobilisant l'ensemble des acteurs et coordonnant leurs actions, tout en leur donnant des marges de manœuvre suffisantes pour permettre une adaptation des programmes et des initiatives aux spécificités de l'économie montréalaise. Les efforts d'amélioration de la gouvernance métropolitaine réalisés au cours des dernières années doivent être poursuivis pour permettre une plus grande intégration des problématiques d'emploi et de développement économique auxquelles la ville est confrontée, de manière à augmenter le potentiel de création d'emplois de qualité de la métropole et à placer Montréal sur une trajectoire allant vers un équilibre à haut niveau de productivité et de compétences.

L'évolution récente de la gouvernance à Montréal

La complexité de la gouvernance à Montréal a longtemps nui à la cohérence de l'action publique et à sa lisibilité pour les acteurs socio-économiques. Ainsi, l'OCDE avait mis en évidence dans son examen territorial publié 2004 les effets néfastes de l'isolement institutionnel et de la fragmentation des décisions au niveau à la fois de l'agglomération et de la région métropolitaine de Montréal (OCDE, 2004). Les efforts de consolidation de la gouvernance métropolitaine réalisés depuis lors ont certainement permis d'aller vers une plus grande rationalisation des structures institutionnelles. En matière de développement économique, une clarification des rôles respectifs du gouvernement du Québec et de la Ville de Montréal a été engagée, cette dernière ayant repris la main dans ce domaine en créant PME MTL suite à la réorganisation du réseau de centres locaux de développement (CLD). La question des moyens, à la fois institutionnels et financiers, donnés à la municipalité de Montréal pour mettre en place une stratégie globale et intégrée d'emploi, de développement des compétences et de développement économique se pose néanmoins aujourd'hui.

Actuellement, Montréal est une ville découpée en 19 arrondissements distincts ayant chacun un maire, des conseillers municipaux, des budgets et des responsabilités propres. Une réforme datant du début des années 2000 a d'abord unifié toute l'île en une seule ville, tout en accordant une grande marge de manœuvre aux arrondissements. L'idée fondamentale qui a conduit aux fusions était que certaines responsabilités débordaient par nature les limites territoriales antérieures aux fusions, et qu'en conséquence le fardeau fiscal devait être partagé équitablement par les populations bénéficiaires. Un processus référendaire mené au milieu des années 2000 a toutefois conduit à des « dé-fusions » municipales ayant entraîné la recomposition de 15 villes sur l'île de Montréal en 2006. Si l'île de Montréal compte ainsi 16 municipalités, la ville de Montréal est de loin la plus importante au plan démographique avec ses 1 744 323 habitants en 2014, puisqu'elle abrite 88 % de la population de l'Agglomération de Montréal (1 988 243 personnes en 2014). Cette dernière est l'organe administratif et politique qui gère les services partagés, dont la police, les pompiers, le transport en commun et le rôle d'évaluation. Malgré les dé-fusions, le principe de responsabilités communes et de péréquation fiscale a survécu dans la nouvelle structure. Un Conseil d'agglomération, présidé par le maire de Montréal et où les conseillers de la Ville de Montréal sont en majorité, en est l'instance politique.

La Communauté métropolitaine de Montréal (CMM), organe politique et administratif institué en 2001, gère plusieurs services à l'échelle de la région métropolitaine de recensement (RMR)[1]. Si la CMM comprend 82 municipalités, la ville de Montréal compte pour 43 % de sa population et c'est le maire de Montréal qui préside le conseil métropolitain.

Graphique 1.1. **La Communauté Métropolitaine de Montréal et ses cinq secteurs géographiques**

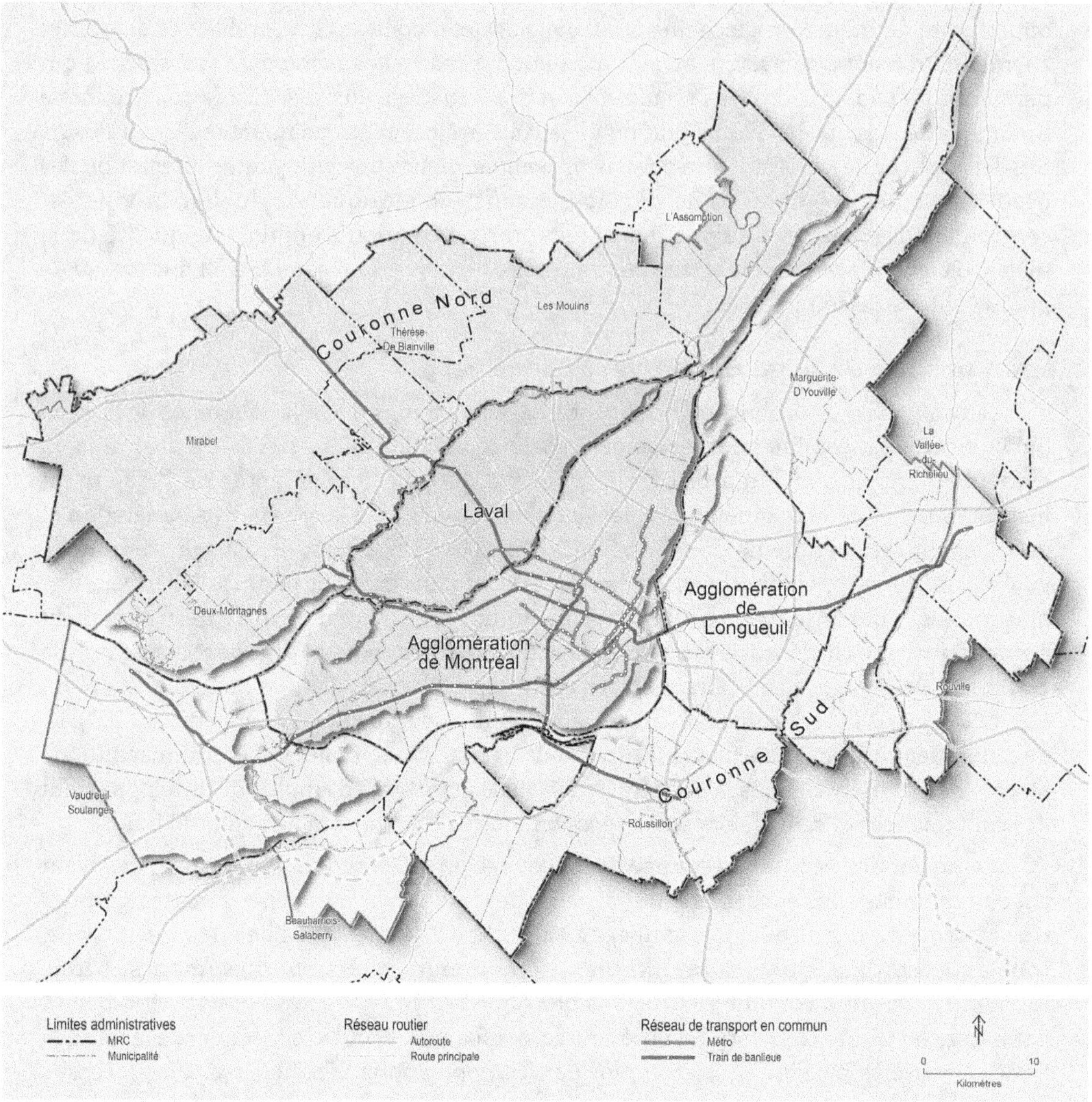

Source : Communauté Métropolitaine de Montréal, 2011.

Le budget annuel de la Ville de Montréal s'élevait à 4 882.5 million USD en 2015. De ce montant, 21.5 % sont affectés à la sécurité publique ; 16.6 % au service de la dette ; 10.4 % aux loisirs et 10 % aux transports en commun. L'administration générale accapare 9.1 % des dépenses ; et les charges corporatives 9.0 %. Les coûts d'administration et l'efficacité et la qualité de sa prestation de services aux citoyens constituent des enjeux majeurs pour la ville. À cet effet, l'administration municipale travaille à une harmonisation des services offerts par les 19 arrondissements et a mis sur pied à l'été 2015 un service de performance organisationnelle chargé de s'attaquer à la question de la qualité et de l'efficacité des services rendus. Du côté des revenus, plus des deux tiers proviennent de la taxe foncière, et cette part atteint les trois quarts si on y ajoute la quote-part des services payée par les villes reconstituées, qui dépendent principalement elles aussi de la taxation foncière.

La Ville de Montréal supporte des coûts additionnels du fait de son statut de ville centrale de la région métropolitaine de recensement et de métropole du Québec. Ces coûts, pour lesquels il n'existe pas d'estimation chiffrée relativement précise, découlent notamment de l'usage intensif des infrastructures de Montréal par les non-résidents ; du transport scolaire assuré par la Société du transport de Montréal (STM); de services de police spécialisés ; ou encore de la concentration des immigrants sur le territoire montréalais. Certains de ses coûts ont été reconnus dans le cadre des réformes passées, dont celles qui ont mené à la mise en place de la CMM et du Conseil d'agglomération, de même que dans des ententes fiscales particulières, de durée limitée, entre le gouvernement du Québec et les autorités municipales, en particulier dans l'« Entente pour une reconnaissance du statut particulier de Montréal » de juin 2008.

D'autres facteurs tendent à affecter les finances de la Ville de Montréal, comme les caractéristiques de la population en termes de niveau de pauvreté et de chômage, structurellement plus élevé que dans les territoires de banlieue et dans le reste du Québec. De plus, plusieurs services du gouvernement du Québec, dont ceux de l'emploi et du développement économique, impliquent des dépenses par habitant inférieures à Montréal qu'ailleurs au Québec, du fait d'une formule de répartition qui incorpore des coûts fixes importants, indépendamment de la population visée.

La CMM dispose quant à elle d'un budget modeste de 115 millions CAD par année, car son principal champ d'action concerne surtout des activités de planification portant notamment sur l'aménagement du territoire, l'environnement, le transport et le développement économique sur le territoire métropolitain. Ce financement provient essentiellement des quotes-parts que lui versent les 82 municipalités qui la constituent. Le gouvernement provincial finance également des projets particuliers sur une base ponctuelle.

L'encadré 1 offre une vue synoptique des responsabilités actuelles des différents ordres de gouvernement ou d'administration qui agissent sur le territoire montréalais. Il met en évidence d'importantes responsabilités partagées, qui exige alors un degré élevé de concertation et de collaboration afin d'aboutir à des décisions et à des actions cohérentes susceptibles de renforcement mutuel dans la poursuite d'objectifs communs à Montréal.

Encadré 1. La répartition des compétences au Canada, au Québec et à Montréal

Le Canada étant un pays de type fédéral, cela signifie que certaines responsabilités constitutionnelles sont exclusives au gouvernement fédéral, dont la défense nationale, les affaires étrangères, la monnaie, le commerce interprovincial incluant le transport interprovincial et les communications interprovinciales, la citoyenneté, le droit criminel et l'assurance-emploi. Les provinces ont notamment juridiction sur les affaires municipales, les ressources naturelles, le droit civil, l'éducation, les affaires sociales et la santé. Plusieurs champs d'activité sont conjoints selon le cas, dont le développement économique, l'emploi, l'environnement, l'agriculture, la culture, pour n'en nommer que certains. De plus, le gouvernement fédéral peut intervenir dans les champs provinciaux à l'aide de programmes à frais partagés ou de programmes qu'il finance seul dans certains cas, mais doit alors obtenir le consentement des provinces.

La Ville de Montréal exerce des compétences principalement dans les domaines de la sécurité publique, les programmes de subvention à la rénovation immobilière, l'environnement, le plan d'urbanisme, le programme triennal d'immobilisations. Par ailleurs,

> **Encadré 1. La répartition des compétences au Canada, au Québec et à Montréal** *(suite)*
>
> le conseil municipal est aussi appelé à encadrer, à normaliser ou à approuver certaines décisions prises par les conseils d'arrondissement.
>
> Les conseils d'arrondissement assument certaines responsabilités en matière d'urbanisme, d'enlèvement des matières résiduelles, de culture, de loisirs, de développement social et communautaire, de gestion des parcs et de la voirie, d'habitat, de ressources humaines, de prévention en matière d'incendie, de tarification non fiscale et de gestion financière.
>
> Les principales responsabilités du Conseil d'agglomération de l'île de Montréal, entité regroupant la Ville de Montréal et les municipalités de l'agglomération, se trouvent dans les domaines de l'évaluation foncière, les services de sécurité, la cour municipale, le logement social, l'aide destinée aux sans-abri, le plan de gestion des matières résiduelles, l'alimentation en eau et l'assainissement des eaux usées, le transport collectif des personnes, la gestion des rues et des grandes artères, la promotion économique, y compris à des fins touristiques, hors du territoire d'une municipalité liée, les parcs-nature, ainsi que le Schéma d'aménagement et de développement de l'agglomération.
>
> La Communauté métropolitaine de Montréal (CMM) est un organisme de planification, de coordination et de financement dans l'exercice de l'ensemble de ses compétences qui incluent l'aménagement du territoire, le développement économique, le développement artistique et culturel, le logement social, les équipements, infrastructures, services et activités à caractère métropolitain, le transport en commun et le réseau artériel métropolitain, la planification de la gestion des matières résiduelles, l'assainissement de l'atmosphère, l'assainissement de l'air et des eaux. La CMM est en particulier responsable de la conception du Plan métropolitain d'aménagement et de développement (PMAD) qui a pour but de fournir une vision intégrée et cohérente de l'aménagement et du développement à l'échelle métropolitaine, ainsi que du Plan métropolitain de développement économique (PMDE).
>
> *Source :* Ville de Montréal (2015) et Parlement du Canada.

Les opportunités et défis liés à l'évolution vers un statut de métropole

Montréal est en discussion avec le gouvernement provincial pour l'obtention d'un statut de métropole. Bien que les discussions aient encore cours et que les détails d'un éventuel accord ne soient pas connus à ce jour, les grands principes et les grandes lignes en sont assez bien délimités entre les deux parties. Tout d'abord, en vertu de la constitution canadienne et de la pratique en vigueur au Québec depuis les débuts de la Confédération canadienne en 1867, les villes sont des « créatures » du gouvernement provincial, ce qui signifie qu'elles n'ont que des pouvoirs délégués et subalternes. Elles doivent dans bien des cas obtenir des autorisations au cas par cas de multiples instances provinciales avant d'être en mesure d'apporter des modifications à des règlements existants, ou avant d'en instaurer de nouveaux, ou encore avant d'entreprendre une quelconque initiative dans un domaine où elles ne disposent pas d'une autorisation a priori et explicite d'agir. Elles ne jouissent par ailleurs que de pouvoirs délégués et limités en matière de fiscalité et de financement. L'objectif poursuivi par Montréal est donc d'obtenir un statut qui soit celui d'un gouvernement de proximité, ce qui impliquerait davantage de souplesse réglementaire, financière et fiscale, de même que certaines responsabilités notamment en matière de développement économique et de soutien aux entreprises par exemple. Cette souplesse accrue est jugée nécessaire afin de répondre pleinement aux défis de la métropole, notamment en matière sociale (gestion de l'itinérance ; lutte contre la pauvreté ; accueil des immigrants ; gestion du logement social), économique (soutien au développement économique et aux processus d'innovation ; relations et promotion internationale), ou encore d'emploi (intégration des immigrants au marché du travail par exemple). Des outils financiers adéquats devront nécessairement accompagner ces responsabilités accrues. Des enveloppes globales et pérennes dédiées à des champs d'intervention municipaux et assorties d'une reddition de compte rigoureuse en sont un exemple. L'attribution de nouvelles sources de revenus autonomes, en sus de l'impôt foncier, permettraient en outre de capter une partie de la production de richesses découlant des efforts consentis par la Ville de Montréal en matière de développement économique. Là encore, des outils pour contrôler les dépenses, dont celles de fonctionnement, et une reddition de compte rigoureuses feraient partie d'une nouvelle loi habilitante qui viserait notamment à substituer la transparence et la reddition de compte a posteriori à des autorisations a priori qui font qu'aujourd'hui, la Ville doit se tourner vers le gouvernement québécois même dans des cas triviaux comme les limites de vitesse sur les artères municipales ou les heures d'ouverture des commerces.

Cette évolution institutionnelle aurait plusieurs avantages. Tout d'abord, elle permettrait d'accroître l'autonomie de la Ville quant à l'adoption de règlements pour promouvoir le bien-être économique, social et environnemental, par exemple en matière de traitement d'édifices abandonnés ou de terrains vacants dont l'expropriation pourrait être facilitée. Elle autoriserait la délégation de pouvoirs et de responsabilités de service là où le principe de subsidiarité devrait logiquement s'appliquer comme dans le domaine du logement. Enfin, elle ouvrirait la possibilité de soutien plus actif aux acteurs économiques, et notamment aux PME en démarrage dans des secteurs innovateurs et d'avenir. Disposant d'autorisations et de moyens suffisants, la Ville pourrait également permettre la transformation de certains bâtiments municipaux vacants ou sous utilisés. En matière d'emploi, de développement des compétences et de développement économique, l'évolution du statut de la municipalité de Montréal et les négociations entre les différents échelons de gouvernement concernant les transferts de compétences offrent une opportunité de définir plus clairement le rôle de chacun, de donner plus de flexibilité aux acteurs de proximité pour répondre aux problématiques spécifiques du territoire, et d'aller vers une plus grande intégration des stratégies. La Ville de Montréal doit se saisir de cette opportunité pour faire évoluer son action et la manière dont elle accompagne les dynamiques de développement local.

Compte tenu de la dimension métropolitaine de certains défis à relever, les compétences exercées par la CMM devront certainement être renforcées. Dans le même temps, au regard de la concentration de populations, d'activités et de valeur au sein de l'Ile de Montréal, il semble essentiel que la municipalité et le conseil d'agglomération de Montréal continue d'assumer un rôle central dans le futur système de gouvernance métropolitain. Ce rapport n'a pas pour but de suggérer de façon précise quelle répartition des compétences entre échelons territoriaux serait optimale à Montréal, mais plutôt d'alimenter les réflexions des acteurs montréalais sur les moyens d'atteindre des résultats plus satisfaisants en matière de création d'emplois de qualité, de productivité, d'innovation et d'intégration de groupes défavorisés au marché du travail. Compte tenu du fait que les discussions en cours entre le gouvernement du Québec et la Ville de Montréal portent sur la reconnaissance du statut de cette dernière comme métropole, les échelons territoriaux de la Ville et de l'agglomération seront privilégiés dans ce rapport.

Le deuxième chapitre du rapport présentera des données en matière de compétences, d'économie, d'innovation et d'emploi à Montréal, dans une logique de mise en perspective internationale. Il s'agit de repérer les forces et les faiblesses de l'économie locale à l'aide d'indicateurs clés de l'économie et du marché du travail, et de critères établis par l'OCDE. Le troisième chapitre brossera un tableau des actions menées dans les différents domaines concernés par cette étude et pointés par le diagnostic effectué au deuxième chapitre. Il mettra en lumière certaines avancées et certains défis et se référera à l'expérience d'autres pays. Sur la base de ces constats, des pistes d'action seront présentées en conclusion de ce rapport.

Note

1. Le territoire de la CMM, entité politique et administrative, diffère de manière marginale de celui de la RMR, qui correspond à un espace économique et social défini par Statistique Canada selon une mesure de l'intensité des déplacements des personnes pour le travail ou pour d'autres fins.

Références

OCDE (2004), *Examens territoriaux de l'OCDE : Montréal, Canada 2004*, Éditions OCDE, http://dx.doi.org/10.1787/9789264105997-fr.

Ville de Montréal (2015), *Budget 2015*.

Montréal métropole de talent
Pistes d'action pour améliorer l'emploi, l'innovation
et les compétences
© OCDE 2017

Chapitre 2

L'emploi et l'économie à Montréal, une mise en perspective internationale

Ce chapitre présente l'évaluation des forces et des faiblesses de la ville de Montréal, notamment du point de vue de l'adéquation entre les compétences de la population et les capacités productives. Des données clés de la situation socio-économique permettront de mettre en perspective les performances de la métropole québécoise grâce à une comparaison internationale avec une sélection de dix-huit métropoles des pays de l'OCDE.

Équilibrer l'offre et la demande de compétences pour favoriser la création d'emplois de qualité

Les compétences constituent un élément crucial pour l'employabilité des personnes et leurs perspectives d'évolution de carrière, mais également pour la productivité et l'innovation au sein des firmes. La théorie économique positionne les compétences et le savoir comme des facteurs clé de croissance économique. Dans le contexte économique concurrentiel actuel conférant une importance grandissante aux activités liées à l'innovation, à la fois technologique et non-technologique, les territoires dont la population dispose d'un haut niveau d'éducation ont un avantage certain. Néanmoins, investir dans l'éducation et la formation seules ne suffit pas à garantir la création d'emplois et une meilleure productivité. L'ampleur de la demande et de l'utilisation des compétences par les employeurs locaux doit également être prise en compte. Pour de nombreuses raisons, les entreprises peuvent faire une utilisation sous-optimale des compétences disponibles (Froy, F., S. Giguère et M. Meghnagi, 2012). Lorsque la demande de compétences formulée par les employeurs est faible, et que les compétences des individus ne sont pas pleinement utilisées, la productivité peut en être fragilisée. La qualité des emplois locaux peut aussi en pâtir en termes de salaires, de sécurité de l'emploi et de possibilités d'avancement. Investir davantage dans le développement des compétences peut alors ne pas donner les résultats escomptés.

À l'inverse, des territoires peuvent présenter une forte activité de recherche et développement, d'investissement et d'entrepreneuriat, ce qui peut indiquer une demande élevée de compétences. Mais si l'offre de compétences est faible, cela peut se traduire par des opportunités perdues en termes de développement économique et de création d'emploi. La prospérité d'un territoire dépend donc pour une large part de la capacité des acteurs locaux à favoriser un équilibre entre un haut niveau d'offre et de demande de compétences.

Dans le cadre de cette étude, le Programme LEED de l'OCDE a développé un outil de diagnostic statistique permettant d'évaluer comment, à l'échelle du territoire de Montréal, les compétences de la population se marient avec les activités productives locales. Pour cela, une comparaison est effectuée entre un indice d'offre de compétences, qui représente la capacité de la population locale à contribuer aux activités fortement productrices de valeur, et un indice de demande de compétences, qui permet d'appréhender l'importance de ce type d'activités dans l'économie locale. Ces indices sont calculés relativement aux autres territoires auxquels la métropole de Montréal est comparée. L'encadré 2 détaille la méthodologie utilisée.

> **Encadré 2. Explication de l'outil de diagnostic**
>
> Le Programme LEED de l'OCDE a développé un outil de diagnostic statistique permettant d'évaluer la mise en adéquation entre l'offre et la demande de compétences. L'estimation du niveau de l'offre de compétences correspond au pourcentage de la population détenant un diplôme d'études postsecondaires. La demande de compétences est évaluée à partir

> **Encadré 2. Explication de l'outil de diagnostic** *(suite)*
>
> d'un indice composite comprenant le pourcentage de la population occupant des emplois exigeant des compétences moyennes ou élevées et la valeur ajoutée brute (VAB) par travailleur. Les indices sont normalisés à l'aide de la méthode interdécile et comparés à la médiane des territoires inclus dans l'analyse comparative.
>
> En fonction du niveau relatif de l'offre et de la demande de compétences, l'économie locale peut entrer dans l'une des quatre catégories suivantes : équilibre à faible niveau de compétences (où le niveau de l'offre de compétences ainsi que la demande sont relativement bas), déficit de compétences (où l'offre de compétences est relativement bas alors que la demande est relativement élevée), excédent de compétences (où l'offre de compétences est élevée et la demande faible) et équilibre à niveau élevé de compétences (où l'offre ainsi que la demande sont relativement élevées).
>
>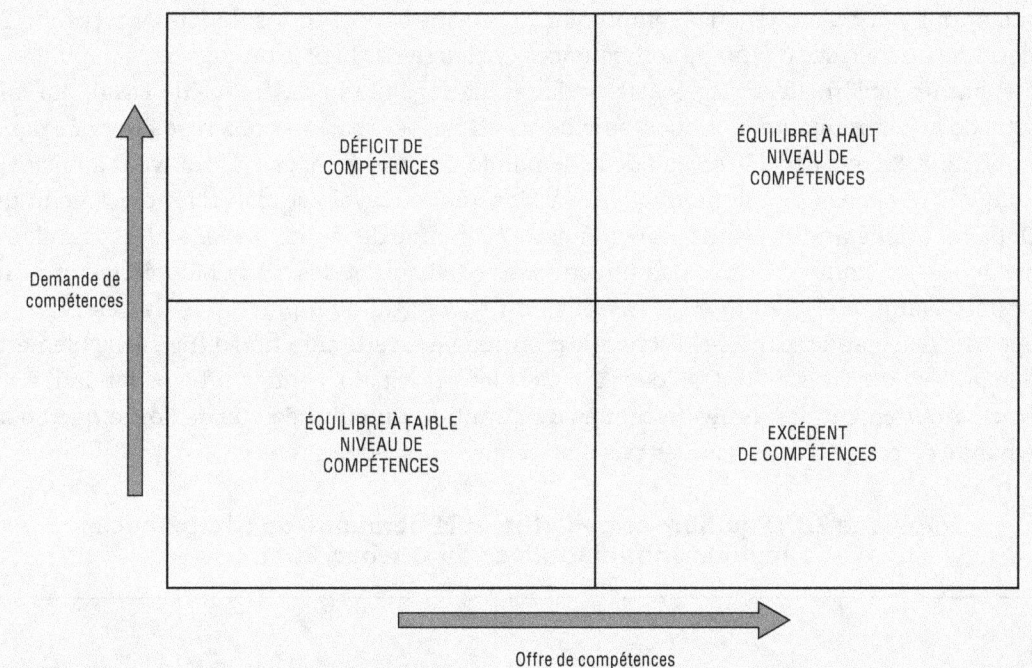
>
> De plus amples renseignements sur la méthodologie sont disponibles dans Froy, F., S. Giguère et M. Meghnagi (2012), « Skills for Competitiveness: A Synthesis Report », Documents de travail du Programme LEED de l'OCDE concernant le développement de économique et la création d'emplois au niveau local (LEED), n° 2012/09, Éditions OCDE.

Comment se positionne Montréal

Dans la zone OCDE, les métropoles ont souvent des écosystèmes de compétences et d'innovation similaires. Ceux-ci sont caractérisés par une proportion importante de personnes hautement qualifiées, un niveau de productivité élevé et de nombreuses interactions entre acteurs économiques variés formant des réseaux formels et informels. La concentration grandissante d'individus ayant un haut niveau de compétences dans les principaux centres urbains a été constatée dans de nombreux pays, comme les États-Unis (Berry et Glaeser, 2005 ; Bacolod et al., 2009) ou le Royaume-Uni (Tochtermann et Clayton,

2011). Ce phénomène peut s'expliquer par des opportunités d'emploi plus nombreuses et variées, et des niveaux de rémunération plus importants, ce qui signifie que les compétences des individus peuvent être mieux valorisées (OCDE, 2014a). En outre, les territoires densément peuplés facilitent la circulation, voulue ou involontaire, des connaissances et des idées, ce qui renforce la formation de capital humain et stimule la création d'activités innovantes et à forte valeur ajoutée. Cependant, ceci n'exclut pas la possibilité d'un chômage élevé. Les travaux de l'OCDE ont démontré l'existence d'un « paradoxe urbain » dans la mesure où de nombreuses grandes métropoles de l'OCDE sont également caractérisées par la présence de poches de pauvreté, d'un niveau de chômage élevé et d'une part importante d'emplois peu rémunérateurs et ne nécessitant que peu de compétences (OCDE, 2006 ; OCDE et CDRF, 2010).

La comparaison entre Montréal et les autres régions administratives du Québec fait ressortir un positionnement singulier de la métropole québécoise, dérogeant en partie au constat qui vient d'être énoncé (graphique 2.1). Montréal est certes de loin le territoire le mieux doté en termes d'offre de compétences, mesurée par le pourcentage de la population détenant un diplôme d'études postsecondaires. La région administrative de Laval, qui fait partie de la communauté métropolitaine de Montréal, est également bien positionnée dans ce domaine. En revanche, le niveau de la demande de compétences, qui équivaut au niveau d'emplois qualifiés et de la productivité, à Montréal et Laval est bien inférieur à celui de l'Outaouais (reflétant les avantages conférés à l'économie de la capitale fédérale) et similaire à celui observé dans les régions administratives des Laurentides, de la Montérégie et de la Capitale-Nationale. Bien que les marchés du travail de quelques-unes de ces régions dépendent en grande partie de l'économie montréalaise, cette situation diffère sensiblement de la plupart des pays de l'OCDE dans lesquels les principaux centres urbains tendent à se détacher nettement des autres territoires du pays tant du point de vue de l'offre que de la demande de compétences pour les raisons évoquées précédemment.

Graphique 2.1. **Équilibre entre l'offre et la demande de compétences, régions administratives du Québec, 2011**

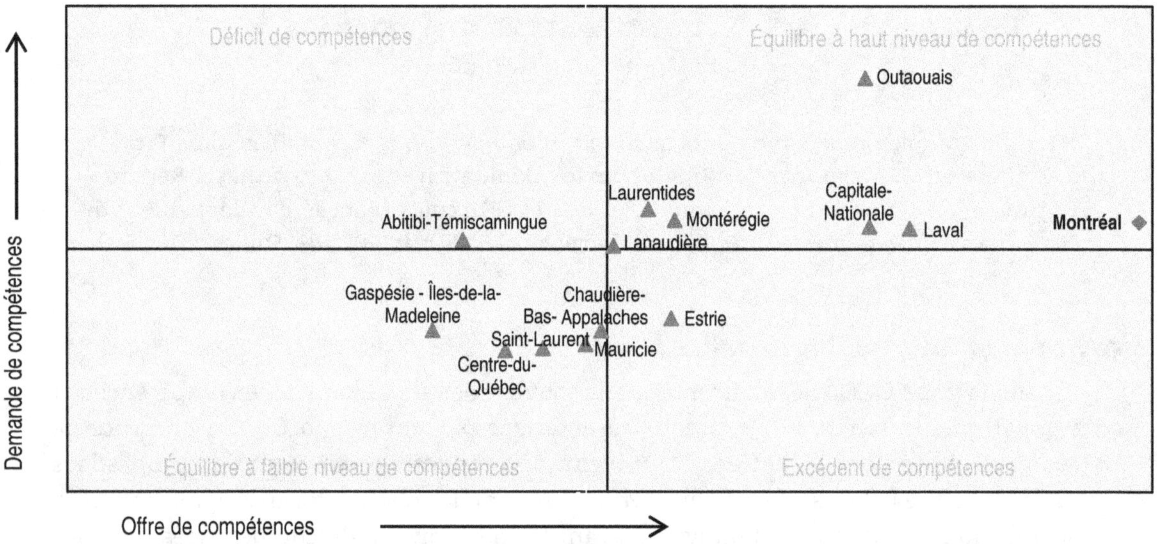

Source : OCDE (2014b), *Stratégies d'emploi et de compétences au Canada*, Éditions OCDE, Paris, http://dx.doi.org/10.1787/9789264211612-fr.

Compte tenu des similitudes qui ont été rappelées entre les grandes métropoles de l'OCDE, l'aire métropolitaine de Montréal doit aussi être comparée à d'autres aires métropolitaines d'Amérique du Nord. Les métropoles canadiennes de Toronto et Vancouver ainsi que l'ensemble des métropoles des États-Unis dont la population est comprise entre 3.5 et 10 millions d'habitants ont été sélectionnées. Les indices d'offre et de demande de compétences sont ainsi calculés relativement aux autres aires métropolitaines. La graphique 2.2 présente les résultats de cet outil diagnostique. Selon cette comparaison, Montréal présente un niveau relatif de demande de compétences faible parmi les métropoles sélectionnées. Il est à noter que les deux autres métropoles canadiennes affichent également des scores défavorables dans ce domaine. Du point de vue de l'offre de compétences, Montréal affiche également un score relativement bas par rapport aux autres métropoles canadiennes, et légèrement supérieur aux villes de Dallas, Miami, Phoenix, Détroit et Houston.

Graphique 2.2. **Équilibre entre l'offre et la demande de compétences, sélection d'aires métropolitaines d'Amérique du Nord, 2011**

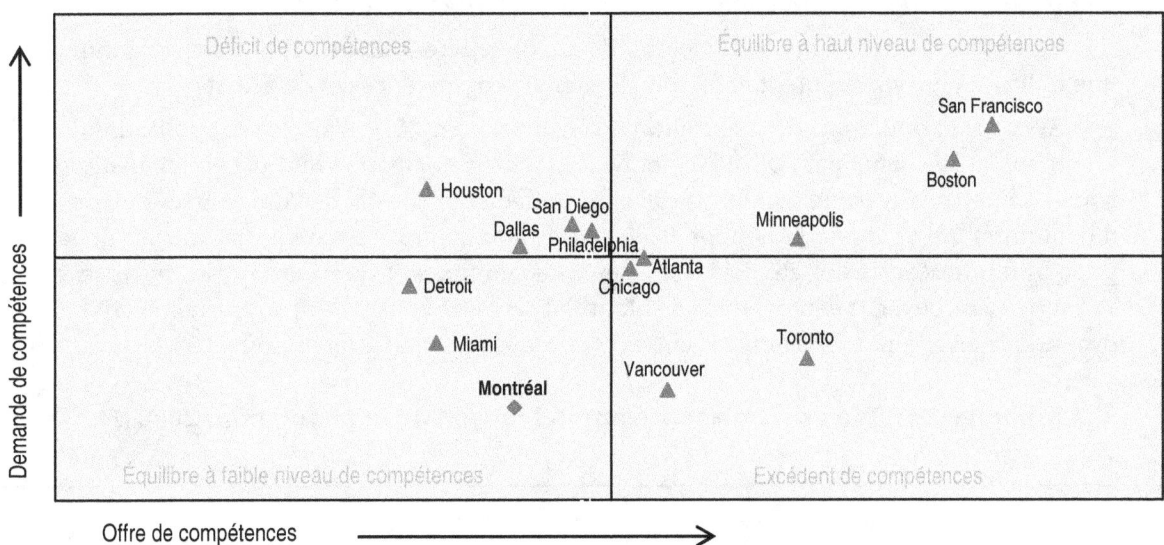

Source : Calculs du Programme LEED basés sur les données des instituts nationaux de statistique et de l'OCDE.

Par rapport à des villes comparables sur le territoire nord-américain, l'économie montréalaise présente ainsi des faiblesses à la fois au niveau de la demande de compétences, suggérant un manque de dynamisme des capacités productives et de la productivité, et à celui de l'offre de compétences. Relativement à ces villes, elle se trouve dans un équilibre à faible niveau de compétences.

Affiner le diagnostic

Ce diagnostic peut être affiné grâce à l'analyse des données locales ayant un lien direct ou indirect avec l'offre et la demande de compétences, ceci devant permettre de mieux saisir les atouts et les faiblesses de l'économie locale à Montréal dans un cadre international. Le reste de ce chapitre propose une mise en perspective de la situation socio-économique de la métropole de Montréal, en procédant à une comparaison avec dix-huit métropoles des pays de l'OCDE (voir tableau 2.1). Ces métropoles sont comparables à Montréal du point de vue de leur taille, de leur rang au sein des hiérarchies urbaines nationales ou de leur spécialisation

2. L'EMPLOI ET L'ÉCONOMIE À MONTRÉAL, UNE MISE EN PERSPECTIVE INTERNATIONALE

Tableau 2.1. **Aires métropolitaines de l'OCDE sélectionnées**

Barcelone (ES)	Frankfort (DE)	Melbourne (AUS)	Toronto (CA)
Boston (US)	Hambourg (DE)	Milan (IT)	Toulouse (FR)
Busan (KR)	Lyon (FR)	Prague (CZ)	Vancouver (CA)
Chicago (US)	Manchester (GB)	San Francisco (US)	
Dublin (IE)	Marseille (FR)	Stockholm (SU)	

sectorielle. Les comparaisons internationales et parmi les villes nord-américaines ont été conduites en s'appuyant sur des données de l'OCDE disponibles au niveau des aires métropolitaines. Quand les données permettant la comparaison à ce niveau d'agrégation n'étaient pas disponibles, l'analyse a été conduite au niveau des Régions Métropolitaines de Recensement (RMR) des principales villes canadiennes en utilisant les données de Statistique Canada. Des données additionnelles de l'Institut statistique du Québec ont également été utilisées.

La disponibilité de la main d'œuvre et des compétences à Montréal

L'analyse des dynamiques démographiques à l'œuvre à Montréal permet de donner une indication du stock potentiel de travailleurs, de compétences et de talents.

Avec une population de 4.4 millions d'habitants en 2014, l'aire métropolitaine de Montréal, tel que défini par l'OCDE, regroupe 53.5 % de la population du Québec et constitue la deuxième zone urbaine la plus peuplée du Canada après celle de Toronto (6.9 millions d'habitants). Au cours de la période 2000-14, le taux de croissance annuel moyen de la population de Montréal a été de 1.3 %. Bien que ce taux soit inférieur à celui observé à Toronto et Vancouver, la démographie de Montréal peut être considérée comme relativement dynamique en comparaison avec les autres métropoles de l'OCDE (graphique 2.3).

Graphique 2.3. **Taux de croissance annuel moyen de la population, 2000-14**

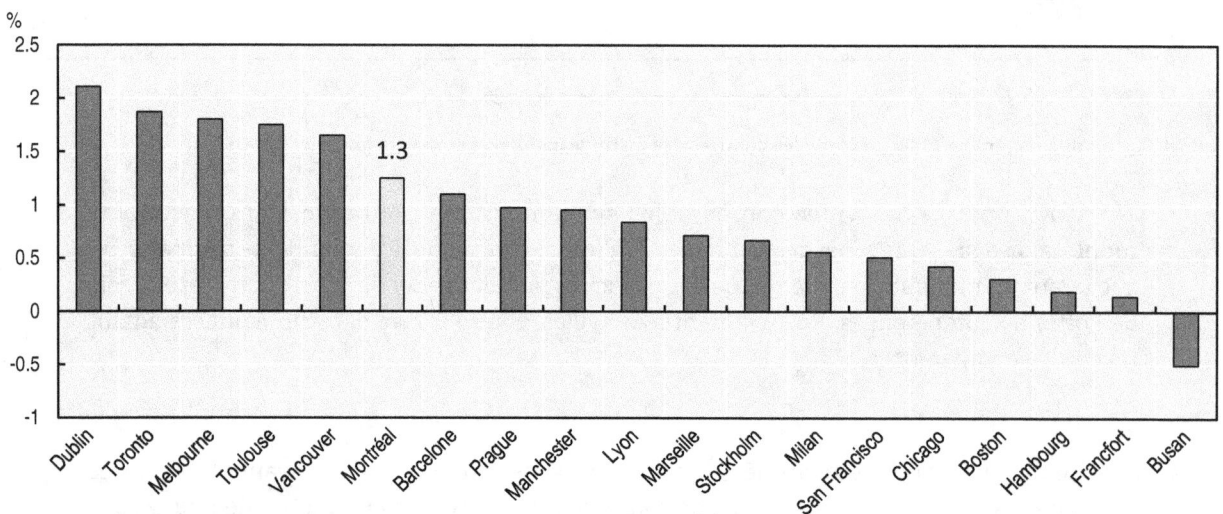

Source : OCDE (2016), « Régions métropolitaines », *Statistiques régionales de l'OCDE* (base de données), http://dx.doi.org/10.1787/data-00531-fr.

Au cours de cette période, la part de Montréal dans la population totale du Canada n'a que légèrement augmenté (de 12 % à 12.4 %), tandis qu'au sein du Québec, cette proportion est passée de 49.9 % à 53.5 %.

Le développement rapide de la périphérie et le phénomène d'étalement urbain ont entraîné une diminution de la part du cœur de l'agglomération – l'île de Montréal – dans la population totale de l'aire métropolitaine (de 51 % en 2006 à 49 % en 2011), ainsi qu'une augmentation de la densité de population de 337 habitants au km^2 en 2000 à 400 en 2014. Ce phénomène, connu sous le nom de périurbanisation, concerne toutes les grandes métropoles canadiennes (Gordon et Janzen, 2013) et est également constaté dans plusieurs pays de l'OCDE. Plus précisément, entre 2001 et 2011, l'écart entre le taux de croissance de la population urbaine et celui de la population de la périphérie a été très marqué au Mexique, en Corée, en Espagne, en Grèce et aux États-Unis (Veneri, 2015).

Sur la période 2000-14, la croissance annuelle moyenne de la population âgée de plus de 65 ans (+2 %) a été supérieure à celle de la population en âge de travailler (15-64 ans) (+1.5 %), entraînant ainsi une hausse de 18.9 % à 20.3 % du ratio de dépendance démographique entre ces deux catégories de population. Le phénomène de vieillissement de la population que connaît Montréal reste néanmoins relativement limité en comparaison avec d'autres métropoles de l'OCDE (graphique 2.4). En particulier, les villes italiennes et allemandes, qui présentent de valeurs considérablement plus élevées que Montréal, ont vu au cours des dix dernières années une baisse importante de la part de la population en âge de travailler, ceci constituant un défi majeur pour les politiques d'emploi et les systèmes de retraite et de protection sociale.

Graphique 2.4. **Ratio de dépendance démographique* (âgés), 2014**

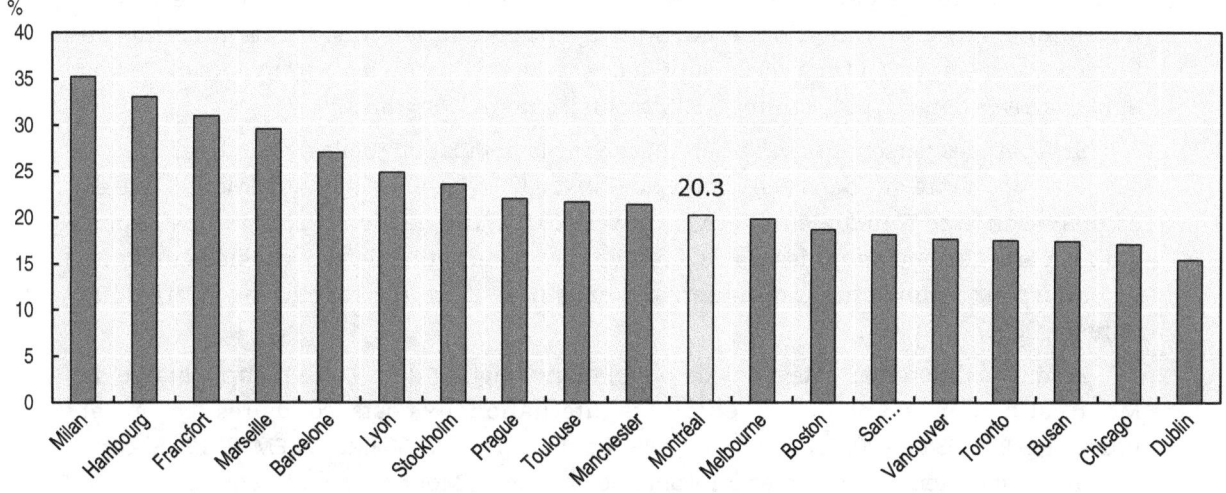

* Rapport entre la population âgée (65 ans et plus) sur la population en âge de travailler (15-64 ans).
Source : OCDE (2016), « Régions métropolitaines», *Statistiques régionales de l'OCDE* (base de données), *http://dx.doi.org/10.1787/data-00531-fr*.

Comme dans d'autres pays de l'OCDE, le dynamisme démographique relatif de Montréal est pour une très large part attribuable à l'immigration internationale. Ainsi, dans l'agglomération de Montréal, la population non immigrante a diminué de 20 520 personnes entre 2006 et 2011 tandis que la population immigrante a augmenté de 52 560 personnes au cours de la même période (CMM, 2013). À l'échelle de la RMR de Montréal, la population de nouveaux immigrants installés depuis moins de dix ans s'élevait à près de 320 000 en 2012. Si le solde migratoire international a été tendanciellement largement positif au cours des 15 dernières années, Montréal tend en revanche à perdre des habitants au profit d'autres territoires du Québec et du Canada (soldes migratoires interprovincial de -9 996 en 2014) (graphique 2.5).

Graphique 2.5. **Soldes migratoires international et interprovincial, RMR de Montréal, 2002-14**

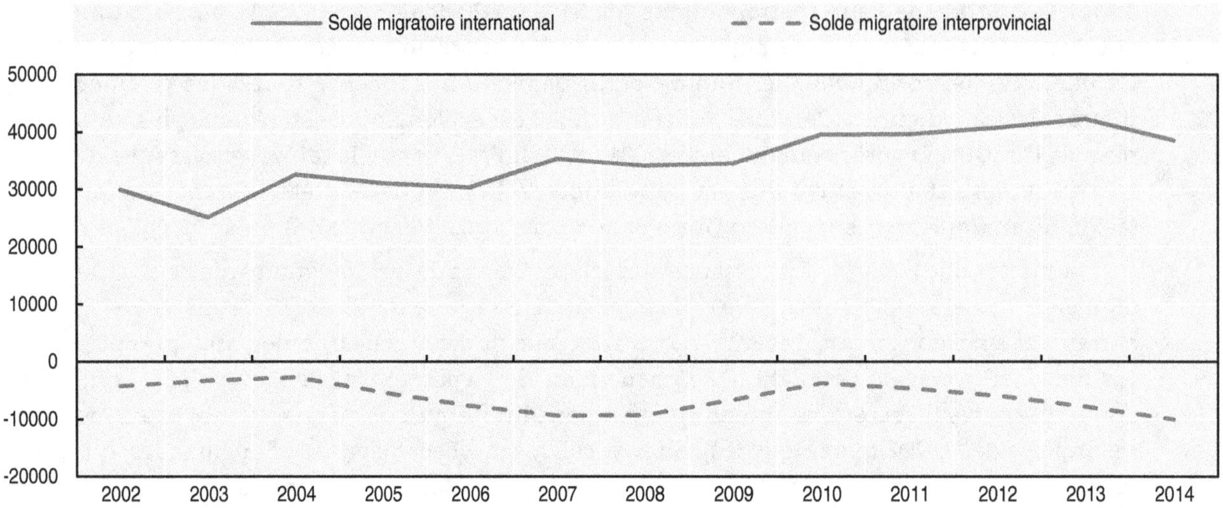

Source : Institut national de la statistique du Québec.

En 2012, près de 75 % des nouveaux immigrants à Montréal étaient des immigrants économiques, c'est-à-dire admis en fonction de leurs caractéristiques socioprofessionnelles, de leurs compétences et de leur capacité à contribuer à l'économie (CMM, 2013). Le niveau d'éducation moyen parmi cette population est largement supérieur à celui des non-immigrants : la proportion d'individus ayant obtenu une qualification de niveau licence (baccalauréat au Québec) ou supérieur est de 49 % parmi les immigrants de 25 ans et plus arrivés depuis 2001, contre 23.8 % parmi les non-immigrants.

Si la part des personnes nées à l'étranger dans la population totale de Montréal (22.6 %) est plus importante que dans l'ensemble du Canada (20.6 %), elle est relativement faible en comparaison avec Toronto (46 %) et Vancouver (40 %). L'île de Montréal regroupe la plus grande part des populations issues de l'immigration internationale et accueille la majorité des nouveaux immigrants internationaux au sein de l'aire métropolitaine (Statistique Canada, 2013).

Parmi les différentes catégories de population émigrant dans l'aire métropolitaine de Montréal figurent de nombreux étudiants internationaux postsecondaires (cégeps et universités): 27 934 en 2013, en hausse de 49 % par rapport à 2006 (MI et CEM, 2015). Si cette tendance est également constatée à Toronto et Vancouver, Montréal a maintenu son avance sur les autres métropoles canadiennes dans ce domaine au cours des dernières années. Montréal est également, après Toronto, la deuxième métropole canadienne accueillant le plus de travailleurs temporaires spécialisés (13 905 en 2013, +96 % par rapport à 2006). Selon une étude réalisée par Montréal International et le Conseil Emploi Métropole (2015), la rétention de ces populations qualifiées est une problématique importante pour l'aire métropolitaine de Montréal dans un contexte de vieillissement de la population et de besoin grandissant de main d'œuvre qualifiée dans certains secteurs tels que l'aérospatial, les TIC et les sciences de la vie. Les trois principaux obstacles identifiés par cette étude étaient l'accès à l'emploi, la connaissance limitée du français et la méconnaissance du processus d'immigration. Des problèmes similaires sont souvent identifiés dans le contexte européen où l'apprentissage de la langue du pays hôte et un accès plus simple au marché du travail local sont parmi les priorités des pays membres (OECD, 2015).

Enfin, les données concernant le niveau de qualification de la population de Montréal âgée de 25 à 64 ans (graphique 2.6) montre que la proportion de diplômés du supérieur est similaire à celle observée à Toronto et Vancouver, et supérieure à la moyenne du Québec. Parmi cette catégorie, on constate une proportion plus faible d'individus ayant réalisé des études longues (niveau licence/baccalauréat ou supérieur) à Montréal (29.6 %) qu'à Toronto (36.7 %) et Vancouver (34.1 %). Les étudiants montréalais semblent ainsi privilégier dans une plus grande proportion les études supérieures courtes. Par ailleurs, la part des personnes n'ayant aucun diplôme est plus élevée à Montréal (12.4 %) en comparaison avec Toronto (9.9 %) et Vancouver (8.4 %).

Graphique 2.6. **Niveau de qualification de la population (25-64 ans), 2011**

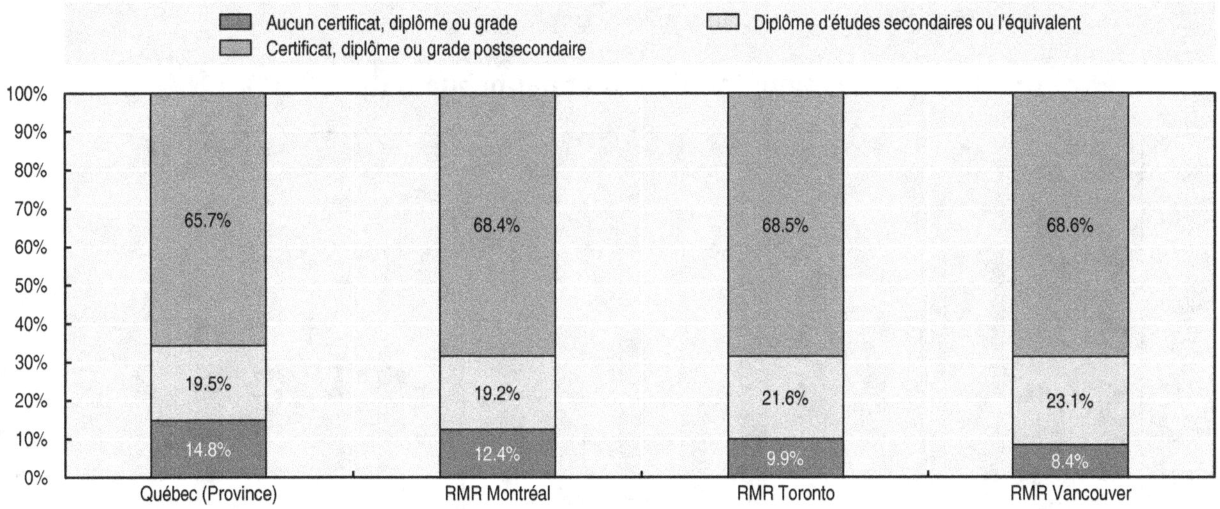

	Québec (Province)	RMR Montréal	RMR Toronto	RMR Vancouver
Certificat, diplôme ou grade postsecondaire	65.7%	68.4%	68.5%	68.6%
Diplôme d'études secondaires ou l'équivalent	19.5%	19.2%	21.6%	23.1%
Aucun certificat, diplôme ou grade	14.8%	12.4%	9.9%	8.4%

Source : Statistique Canada, *Enquête nationale auprès des ménages de 2011*.

Une étude récente réalisée par l'Institut du Québec (IDQ, 2015) confirme le retard de Montréal du point de vue du niveau d'éducation de la population. Cette étude souligne toutefois que la situation montréalaise s'améliore, dans la mesure où le groupe des 25 à 34 ans y est davantage scolarisé que celui des 25 à 64 ans en comparaison avec d'autres villes nord-américaines comparables.

Une importante amélioration du taux de diplomation[1] a été constatée entre 2009 et 2014, passant de 67.7 % à 76 %, soit proche de l'objectif de 77 % fixé par le ministère de l'Éducation du Québec d'ici 2020. S'il a diminué de façon significative au cours des dernières années, le taux de décrochage scolaire était toujours de 20.8 % en 2013 (24.6 % en 2009), soit un niveau largement supérieur à la moyenne du Québec (16 %). Cela signifie que près de 2 500 jeunes montréalais sont sortis du système scolaire sans aucune qualification au cours de cette année. Des disparités spatiales importantes peuvent être observées au sein même de l'île de Montréal, certains arrondissements de l'Est de l'île connaissant des taux de décrochage scolaire dépassant les 25 %.

En résumé, les données relatives à la disponibilité de la main d'œuvre et des compétences dans l'économie locale à Montréal offrent un tableau contrasté. Si la métropole Québécoise dispose de capacités indéniables pour former et attirer les talents, celles-ci ne semblent pas se refléter pleinement dans les données en termes de niveau de qualification de la population. Les problématiques liées à la rétention des talents et au décrochage scolaire constituent des éléments d'explication de ce paradoxe. Ainsi, si les employeurs montréalais disposent d'une main d'œuvre abondante du fait du dynamisme démographique certain de la ville, notamment grâce à l'immigration, le niveau de compétences de cette main d'œuvre ne semble pas être une source d'avantage compétitif majeur pour l'économie locale.

Les capacités productives

L'aire métropolitaine de Montréal est le principal moteur de l'économie Québécoise, contribuant à 53.5 % de son produit intérieur brut (PIB) en 2014, et même 57 % dans le secteur des services. En 2013, la contribution de Montréal au PIB du Canada s'élevait à 10.5 %, contre 11.5 % en 2000.

En termes de niveau de PIB par habitant, Montréal se situait, en 2012, dans le bas du classement en comparaison avec les autres métropoles de l'OCDE, et largement en deçà des niveaux observés à Toronto et Vancouver (graphique 2.7).

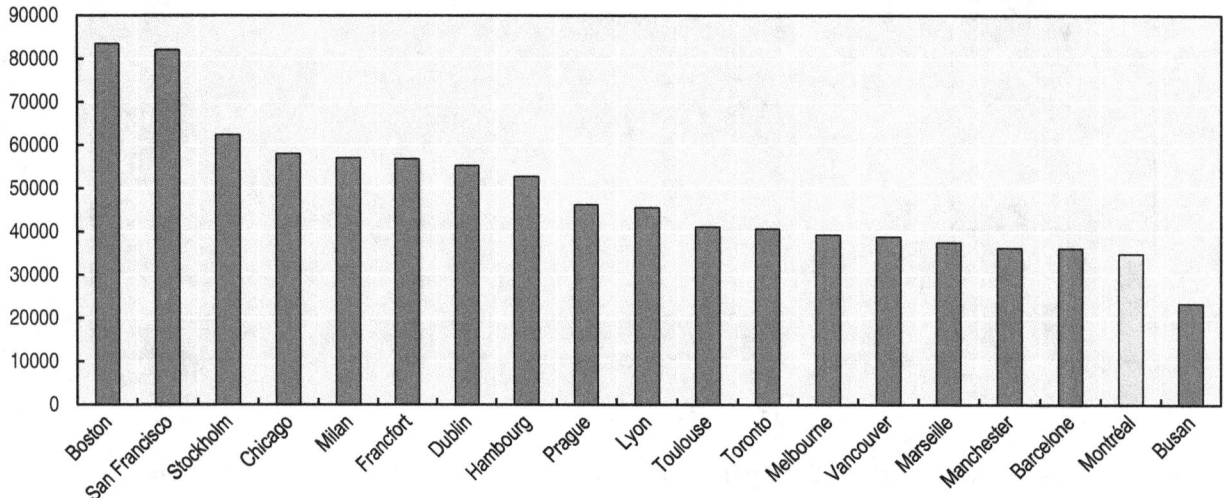

Graphique 2.7. **Produit intérieur brut par habitant (USD 2010), 2012**

Source : OCDE (2016), « Régions métropolitaines », *Statistiques régionales de l'OCDE* (base de données), *http://dx.doi.org/10.1787/data-00531-fr*.

Entre 2000 et 2012, la croissance du PIB par habitant à Montréal a été très faible (+2.9 %) en comparaison avec d'autres métropoles de l'OCDE telles que Boston, San Francisco, Chicago, Vancouver, Stockholm, Busan et Prague (graphique 2.8).

Ce constat d'un dynamisme relativement faible de l'économie locale dans son ensemble s'explique notamment par le niveau de productivité des travailleurs (ratio du produit intérieur brut sur l'emploi total), qui était, en 2012, parmi les plus faibles des métropoles de l'OCDE sélectionnées dans cette étude (graphique 2.9). Entre 2001 et 2012, la productivité des travailleurs n'a augmenté que de 0.1 % en moyenne annuelle, soit une croissance plus faible qu'à Toronto (+0.2 %) et Vancouver (+0.8 %), plaçant ainsi Montréal au 15e rang sur les 19 métropoles de l'OCDE sélectionnées. Au cours de la même période, les métropoles nord-américaines de San Francisco (+1.9 % de croissance annuelle moyenne), Boston (+1.5 %) ou encore Chicago (+1.0 %) ont connu une croissance de la productivité des travailleurs bien supérieure. Le faible niveau d'éducation et d'investissement en équipements et en R-D, qui avait été identifié en 2004 parmi les principaux facteurs expliquant le différentiel de productivité entre Montréal et les autres grandes métropoles des pays de l'OCDE (OCDE, 2004), semble représenter encore aujourd'hui un défi majeur pour la métropole Québécoise.

Graphique 2.8. **Évolution du PIB par habitant (USD 2010), 2000-13***

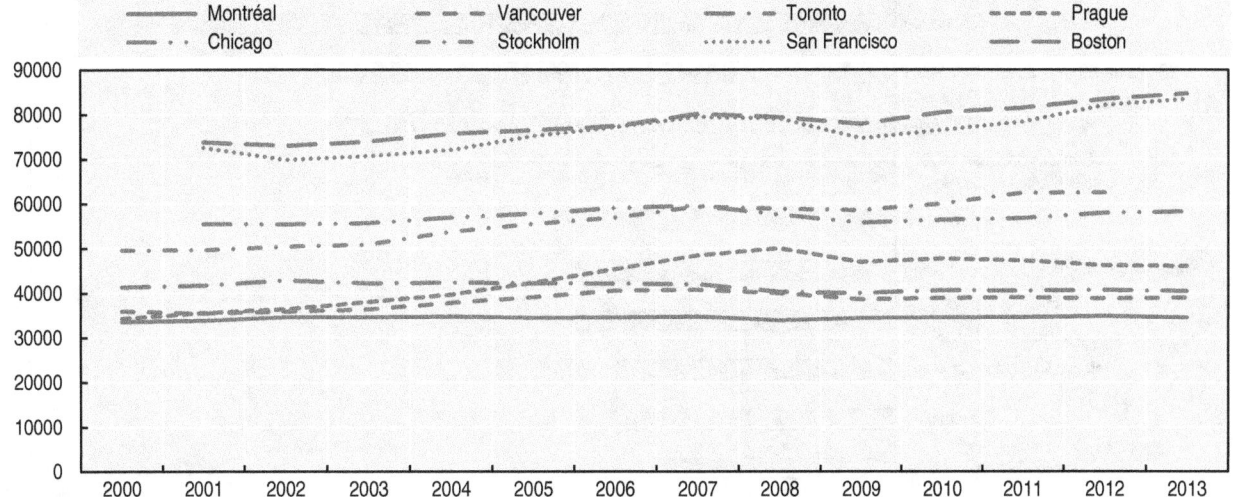

* Données non disponibles en 2000 pour Boston, Chicago et San Francisco, et en 2013 pour Stockholm.
Source : OCDE (2016), « Régions métropolitaines », *Statistiques régionales de l'OCDE* (base de données), *http://dx.doi.org/10.1787/data-00531-fr*.

Graphique 2.9. **Productivité des travailleurs (milliers USD 2010), 2012**

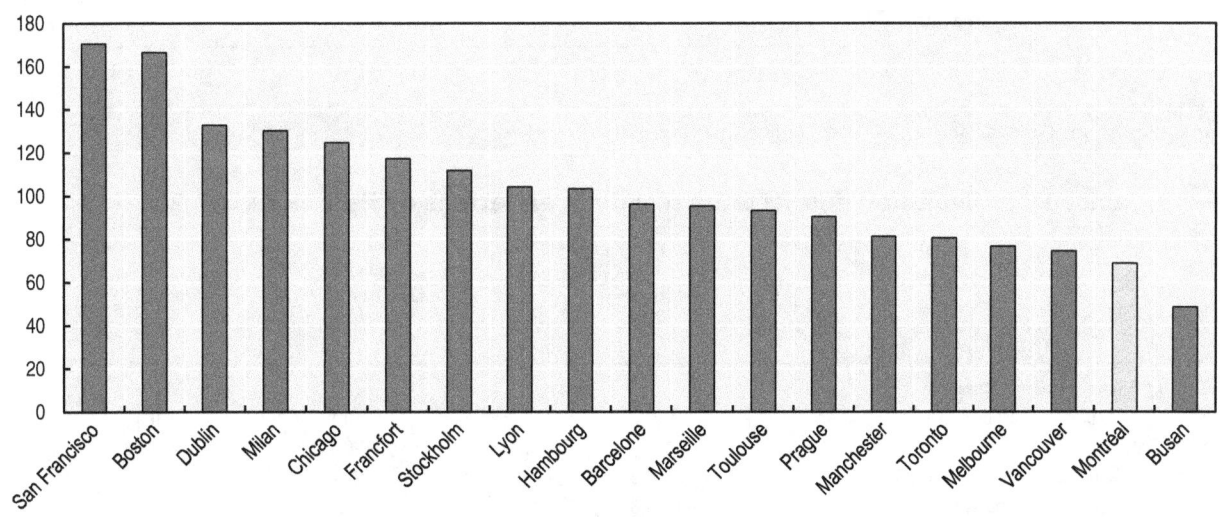

Source : OCDE (2016), « Régions métropolitaines », *Statistiques régionales de l'OCDE* (base de données), *http://dx.doi.org/10.1787/data-00531-fr*.

Si les performances de l'économie montréalaise dans son ensemble ont été relativement modestes au cours de la période récente, une distinction par secteurs d'activité doit être faite, certains ayant connu une forte croissance, tant du point de vue de l'emploi (graphique 2.10) que de la création de valeur (tableau 2.2), tandis que d'autres tendent à décliner.

En 2014, les secteurs du commerce (337 000 emplois, +21 % depuis 2001) et des soins de santé et assistance sociale (268 000 emplois, +46 % depuis 2001) étaient les deux principaux pourvoyeurs d'emploi, suivi du secteur de la fabrication (224 000 emplois). Ce dernier a néanmoins la particularité d'avoir connu une baisse significative du nombre d'emploi depuis 2001 (-29 %), à l'inverse du secteur des services professionnels, scientifiques et techniques qui a connu une hausse de 40 % du nombre d'emplois au cours de la même période.

Graphique 2.10. Répartition de l'emploi selon le secteur d'activité, Montréal, 2014

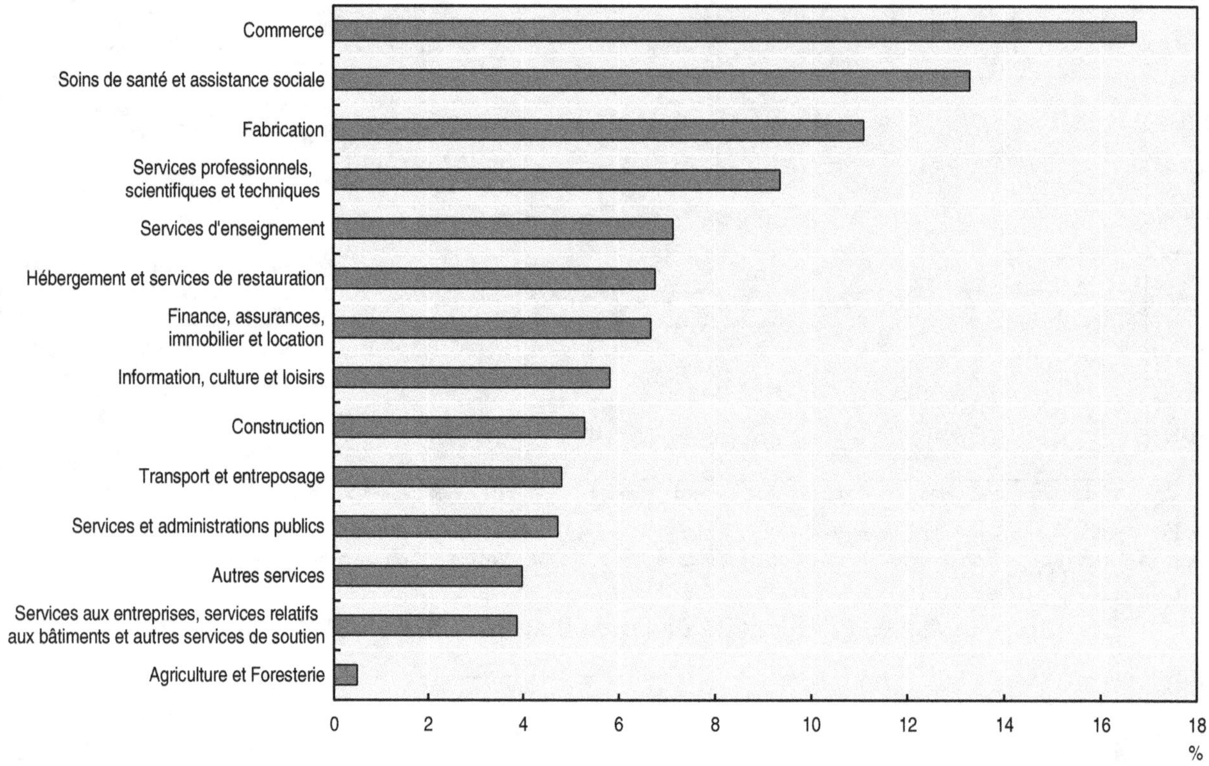

Secteur	%
Commerce	~16.8
Soins de santé et assistance sociale	~13.3
Fabrication	~11
Services professionnels, scientifiques et techniques	~9.3
Services d'enseignement	~7
Hébergement et services de restauration	~6.7
Finance, assurances, immobilier et location	~6.6
Information, culture et loisirs	~5.8
Construction	~5.2
Transport et entreposage	~4.8
Services et administrations publics	~4.7
Autres services	~4
Services aux entreprises, services relatifs aux bâtiments et autres services de soutien	~3.9
Agriculture et Foresterie	~0.4

Source : Statistique Canada, tableau 282-0131 – Enquête sur la population active.

Tableau 2.2. Évolution des secteurs d'activité en termes de PIB, Montréal, 2007-13

	Part du PIB total de Montréal		Croissance du PIB du secteur 2007-13 %	Part dans le Québec (2013) %
	2007 %	2013 %		
Ensemble des industries	/	/	18,4	53.5
Secteur de production de biens	24.8	23.1 ↓	10.1	44.9
Fabrication (total)	15.4	12.9 ↓	-0.8	51.4
- Fabrication de matériel de transport	2.9	3.1 ↑	27.7	84.4
- Fabrication d'aliments	1.3	1.2 ↓	7.1	45.0
- Fabrication de produits chimiques	1.6	1.5 ↓	7.3	74.7
Secteur des services	75.2	76.9 ↑	21.1	56.7
Finance et assurances, services immobiliers	19.0	19.9 ↑	23.8	58.9
Services professionnels, scientifiques et techniques	6.6	7.6 ↑	35.4	69.5
Soins de santé et assistance sociale	7.5	7.9 ↑	24.0	50.3
Administrations publiques	5.5	5.9 ↑	27.7	40.5

Source : Données compilées par l'Institut de la statistique du Québec, Direction des statistiques économiques.

L'évolution des secteurs d'activité en termes de PIB (tableau 2.2) révèle que, comme la plupart des autres grandes métropoles de l'OCDE, Montréal a connu une mutation au profit du secteur des services (76.9 % du PIB en 2013). Le secteur de production de biens y reste néanmoins important (23.1 % du PIB en 2013). Si le poids des secteurs de fabrication tend globalement à diminuer (de 15.4 % à 12.9 % du PIB entre 2007 et 2013), certaines de ces activités connaissent toujours une croissance importante, notamment la fabrication de matériel de transport (croissance de 27.7 % du PIB du secteur entre 2007 et 2013). Sur la même période, les activités manufacturières plus traditionnelles telles que la fabrication d'aliments (+7.1 %) et de produits chimiques (+7.3 %) restaient relativement dynamiques. Parmi les autres secteurs contribuant de manière significative au PIB de Montréal figurent les « soins de santé et assistance sociale », le secteur de la « finance, assurance et services immobiliers », les « services professionnels, scientifiques et techniques », et les « administrations publiques ».

En ce qui concerne le dynamisme du tissu de petites et moyennes entreprises (PME), entreprises de 1 à 499 salariés[2], en 2014, 18.3 % des PME montréalaises déclaraient avoir connu une croissance annuelle moyenne des ventes de plus de 10 % au cours des trois dernières années, contre 20.8 % à Toronto et 20.4 % à Vancouver et sur l'ensemble du Canada (Statistique Canada, 2015). Par ailleurs, la proportion de PME ayant subi une croissance négative de leurs ventes au cours de la même période est plus importante à Montréal (15.7 %) que dans l'ensemble du Canada (11.5 %).

En 2014, les deux principaux obstacles à la croissance mis en avant par les PME montréalaises sont l'intensification de la concurrence (24.2 %) et les fluctuations de la demande des consommateurs (23.7 %). En comparaison avec les PME de Toronto, de Vancouver et de l'ensemble du Canada, les PME de Montréal citent davantage les problématiques liées aux réglementations gouvernementales et au taux d'imposition des sociétés comme frein à leur croissance. À l'inverse, les difficultés liées à la main d'œuvre sont relativement moins mises en avant par les PME de Montréal.

Le niveau d'internationalisation des PME a augmenté à Montréal au cours des dernières années, la proportion de PME exportatrices passant de 13.2 % en 2011 à 16.2 % en 2014 (Statistique Canada, 2015). Cette proportion était supérieure à Toronto (18.5 %), identique à Vancouver (16.2 %), et inférieure dans l'ensemble du Canada (11.8 %). Les PME montréalaises ayant déclaré avoir l'intention de prendre de l'expansion sur de nouveaux marchés en 2014 (44 %, contre 59.6 % et 53.3 % respectivement à Toronto et Vancouver) visaient dans une proportion plus importante le marché européen (7.5 %, contre 6.9 % et 5.9 % respectivement) et dans une proportion moindre les marchés asiatiques (3.0 %, contre 5.3 % et 5.1 % respectivement).

Les données relatives aux dépenses des PME au Canada (Statistique Canada, 2011) révèlent que les PME montréalaises réalisent des efforts d'investissement conséquents en matière de recherche et développement (R-D), nouveau matériel et équipement, TIC nouveau, et éducation et formation des employés. Cependant, ces investissements semblent être réalisés en majeur partie par un petit nombre de PME ayant atteint une taille relativement importante. Lorsque le niveau de dépenses *médian* des PME est pris en compte, on constate que les PME montréalaises investissent moins en matériel et équipement nouveau (7 000 CAD) que celles de l'ensemble du Canada (12 000 CAD). Ce sous-investissement avait déjà été mis en évidence par l'OCDE au début des années 2000 et constituait alors l'une des principales explications à la faible productivité des travailleurs à Montréal (OCDE, 2004). Le niveau d'investissement médian en R-D est en revanche supérieur à celui observé parmi les PME de Toronto, de Vancouver et de l'ensemble du Canada. Quant aux dépenses en TIC et en éducation et formation des salariés, elles sont similaires pour les PME de Montréal et de l'ensemble du Canada. En ce qui concerne l'effort de formation des salariés au sein des PME, deux enquêtes réalisées par Statistique Canada en 2002 (Statistique Canada, 2004) et en 2008 (Statistique Canada, 2009) pointaient des insuffisances dans ce domaine.

L'innovation à Montréal

Les activités d'innovation, qu'elles soient de nature technologique ou non-technologique, sont intimement liées aux compétences. Ainsi, les organisations souhaitant développer de nouvelles stratégies sur les marchés de produits ou encore introduire une nouvelle technologie dans leurs processus de production doivent pouvoir s'appuyer sur les compétences, tant techniques qu'organisationnelles, de leurs salariés et de leurs partenaires. Mais l'innovation entraîne à son tour un besoin nouveau de compétences au sein des organisations dans la mesure où elle nécessite une adaptation des salariés à une nouvelle technologie, un nouveau produit ou un nouveau procédé.

Un certain nombre d'indicateurs peuvent être utilisés pour rendre compte, même partiellement, des activités liées à l'innovation à Montréal. L'objectif de comparaison de Montréal avec d'autres territoires du Canada ou au niveau international nécessite le recourt à des données principalement quantitatives. Des données plus qualitatives concernant les initiatives menées pour promouvoir et développer l'écosystème d'acteurs de l'innovation de Montréal seront présentées dans le chapitre 2 de cette étude.

L'Institut du Québec a récemment mené une étude proposant une comparaison entre Montréal et quatorze autres villes nord-américaines, dont Toronto et Vancouver au Canada. Du point de vue de l'innovation, Montréal se positionne au 11e rang sur la base d'une compilation des résultats obtenus pour quatre indicateurs. Dans le détail, Montréal se classe 4e en termes de part de la main d'œuvre occupant des emplois dans des secteurs d'avenir ; 9e pour le nombre de diplômés STEM (sciences, technologie, génie, mathématiques) par 100 000 habitants; 9e également en ce qui concerne le nombre d'ententes liées à des investissements en capital de risque, mais avant dernière pour la valeur moyenne de ces ententes en matière de capital de risque.

L'étude de l'Institut du Québec pointe également la faiblesse du nombre de brevets enregistrés par 100 000 habitants, Montréal arrivant en dernière position en comparaison avec les métropoles nord-américaines considérées dans cette étude. Cependant, les données de l'OCDE disponibles au niveau métropolitain pour l'année 2008 nuancent ce constat, puisque Montréal se classait au 9ème rang sur les 19 métropoles de l'OCDE sélectionnées dans ce rapport, devant Vancouver et Toronto (graphique 2.11). S'il est vrai que les villes américaines de San Francisco, Boston et Chicago présentent des valeurs plus élevées, Montréal devance des villes telles que Milan, Melbourne, Barcelone ou encore Manchester dans ce domaine.

En ce qui concerne les activités d'innovation des PME (Statistique Canada, 2015), entre 2011 et 2014, la proportion de PME montréalaises déclarant avoir engagé au moins un type d'activité d'innovation au cours des trois dernières années est passée de 32.4 % à 42.4 %, soit une hausse plus importante qu'à Toronto (de 40.4 % à 47.2 %) et dans l'ensemble du Canada (de 37.8 % à 41.6 %), tandis que Vancouver connaissait une baisse de la proportion de PME innovantes (de 41.7 % à 39 %). La graphique 2.12 détaille la proportion de PME innovantes par types d'activité d'innovation. Les PME de Montréal sont relativement bien placées dans les innovations de produit ou service, de procédé et de marketing. Elles réalisent en revanche des innovations organisationnelles dans une moindre proportion que les PME de Toronto, Vancouver et de l'ensemble du Canada, ce qui pourrait être une conséquence de la forte présence de TPE au sein du tissu économique montréalais.

En 2011, la principale raison invoquée par les PME montréalaises pour expliquer le fait qu'elles n'aient pas engagé d'activité d'innovation était de loin l'absence de besoin

Graphique 2.11. **Demandes de brevets pour 10,000 habitants selon la procédure PCT, 2008**

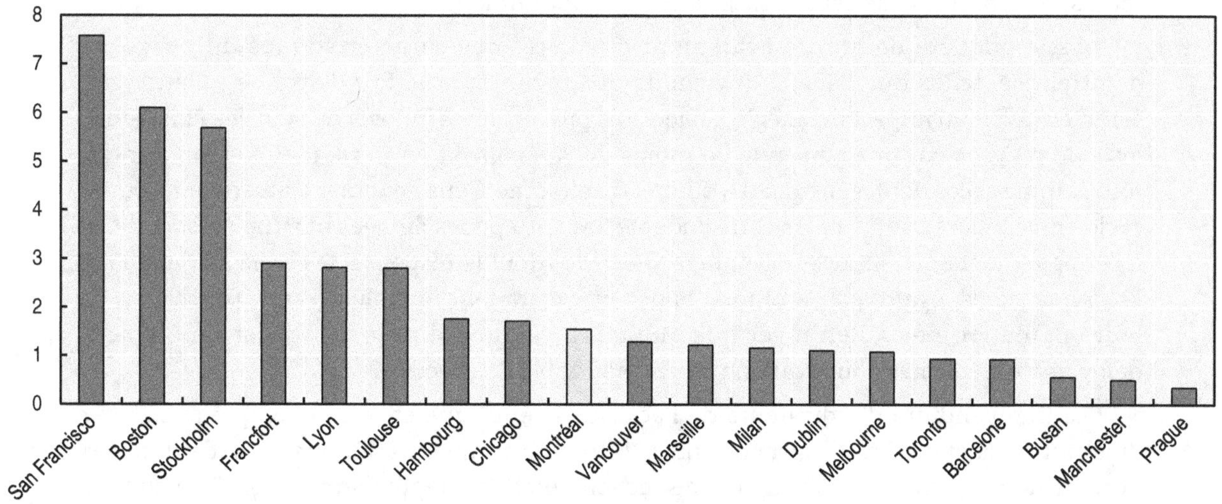

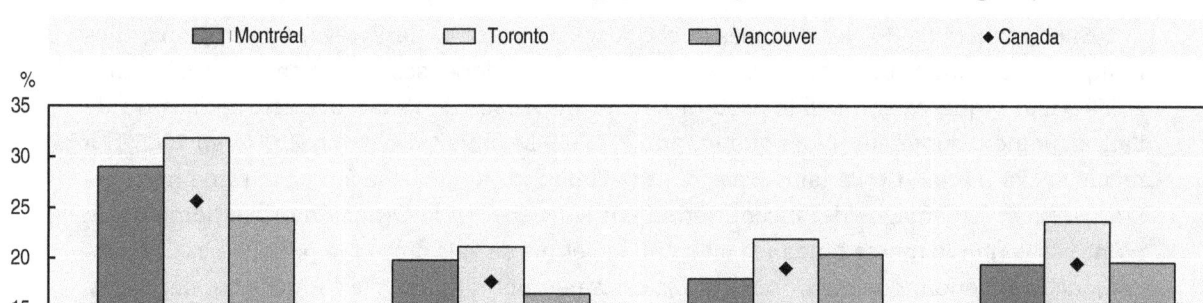

Source : OCDE (2016), « Régions métropolitaines », *Statistiques régionales de l'OCDE* (base de données), http://dx.doi.org/10.1787/data-00531-fr.

Graphique 2.12. **Activités d'innovation des PME canadiennes au cours des trois dernières années (pourcentage des PME interrogées), 2014**

Source : Statistique Canada (2015), Enquête sur le financement et la croissance des petites et moyennes entreprises, 2014.

d'innover pour l'entreprise (67.2 %). Cette proportion était bien supérieure aux PME de Toronto (40.4 %), de Vancouver (48 %) et de l'ensemble du Canada (49.7 %). Le manque de personnel formé était également invoqué dans une proportion relativement plus importante par les PME montréalaises (4 % contre 1.7 % sur l'ensemble du Canada), à l'inverse du manque de ressources financières qui n'apparaissait pas comme un obstacle majeur à l'innovation.

L'enquête de Statistique Canada sur les activités d'innovation des PME canadiennes permet de mettre en évidence des tendances concernant les caractéristiques des entreprises innovantes[3]. Ainsi, la taille des PME, leur caractère exportateur et leur taux de croissance sont positivement associés aux activités d'innovation, tout comme le fait que l'entreprise ait été créée il y a de moins de 10 ans en comparaison avec les PME plus anciennes. Or, comme il a été souligné précédemment, les PME montréalaises tendent à être moins dynamiques et moins exportatrices que celles basées à Toronto notamment.

Cette enquête démontre également que certaines caractéristiques du dirigeant d'entreprise, telles que l'âge, le niveau de qualification et le fait d'être né à l'étranger, semblent avoir un impact non négligeable sur la propension à innover au sein des PME. Ainsi, les PME dirigées par une personne de moins de 30 ans sont en moyenne plus innovantes, tout comme celles dont le dirigeant a obtenu un diplôme d'enseignement supérieur (premier cycle universitaire). Enfin, selon cette enquête, les entreprises dirigées par une personne née à l'étranger tendent à innover davantage que celles dont le responsable est né au Canada. Il est à noter à cet égard que Toronto et Vancouver comptent une plus grande proportion de leur population née à l'étranger que Montréal, ce qui pourrait constituer un élément défavorable en termes d'innovation pour la métropole Québécoise.

Le Compendium d'indicateurs de l'activité scientifique et technologique publié par l'Institut de la statistique du Québec (ISQ, 2014) fournit quant à lui une série de données portant notamment sur les activités de recherche et développement (R-D). L'ISQ suit les indications du manuel de Frascati pour cette compilation. Quoique distincte de l'innovation au sens strict, la R-D y est souvent associée plus ou moins étroitement. Elle se situe en aval du processus qui mène éventuellement à la commercialisation de produits ou de services souvent couverts par un droit de propriété intellectuelle.

Si en matière de R-D les données québécoises ne sont pas désagrégées par régions, elles indiquent cependant une baisse assez marquée de ces dépenses dans leur ensemble entre 2003 et 2013, que ce soit celles portant sur les dépenses de l'État, des entreprises ou de l'enseignement supérieur. Alors que le ratio R-D/PIB se situait à environ 2.75 % en 2003, il a reculé à 2.25 % en 2013. Certains pays, dont la Finlande, la Suède, le Japon, le Danemark, les États-Unis et l'Allemagne devancent nettement le Québec et le Canada dans ce domaine, et n'ont pas connu la même tendance au recul de l'effort de R-D durant la période observée. La conjoncture économique défavorable a très certainement influé sur le cours de ces dépenses, car le point d'inflexion survient vers 2007. Depuis lors, la tendance à la baisse s'est poursuivie dans un contexte de faible reprise et de rigueur budgétaire du côté des administrations publiques. Mais d'autres pays ont réagi différemment aux mêmes contraintes conjoncturelles.

Les crédits d'impôt à la R-D privés sont aussi en baisse au Québec durant la même période. Tant le nombre d'entreprises bénéficiaires (6 800 en 2012 contre environ 8 000 en 2008), que les montants (550 millions CAD en 2012 contre 725 millions CAD en 2008) reculent. Les données indiquent également une forte concentration de l'aide fiscale au profit essentiellement d'un nombre réduit de très grandes entreprises dans un nombre restreint d'industries. Or, ces entreprises québécoises, de grande taille la plupart du temps et œuvrant principalement dans quelques industries, dont l'aérospatiale, sont fortement concentrées sur le territoire montréalais. La baisse des crédits d'impôt reflète la dépense moins importante des entreprises, et non un changement de politique fiscale gouvernementale.

En ce qui concerne le nombre de publications scientifiques et techniques, leur croissance au Québec est l'une des meilleures au monde (ISQ, 2014). Les publications universitaires dominent la liste, et particulièrement celles en santé et sciences de la vie. On peut supposer que la contribution montréalaise est majeure, compte tenu de la présence de quatre universités sur son territoire.

Un certain nombre de constats émergent des données concernant les capacités productives et d'innovation à Montréal. Au cours des quinze dernières années, l'économie montréalaise dans son ensemble a été marquée par une relative atonie et la productivité des travailleurs a eu tendance à stagner. Ceci cache néanmoins d'importantes mutations qui ont eu un impact significatif sur le tissu économique local. Si la part des secteurs de production de biens reste relativement importante, contribuant ainsi à la diversification et à la résilience de l'économie locale, la très grande majorité des emplois créés le sont dans le secteur des services. Plus précisément, cinq secteurs concentrent actuellement près de trois quart des créations de postes : services professionnels, scientifiques et techniques; soins de santé et assistance sociale; finances, assurances, immobilier et location; services aux entreprises, service du bâtiment et autres; hébergement et restauration (Emploi Québec, non daté). On constate ainsi une polarisation du marché du travail entre des emplois nécessitant un diplôme d'études postsecondaires (collégiales ou universitaires), qui représente environ 80 % des nouveaux postes, et des emplois de faible qualité, peu rémunérateurs et ne nécessitant pas ou peu de qualification. Le tissu d'entreprises étant majoritairement constitué de très petites firmes ne connaissant qu'une faible croissance, ne réalisant pas d'innovation et opérant uniquement au niveau local, la création d'emplois de qualité ne peut être que limitée. Ainsi, en 2011, la proportion de postes exigeant des compétences de niveau intermédiaire ou élevé n'était que de 35 %, soit un niveau inférieur à Toronto (39 %)[4]. La présence d'un certain nombre de PME en forte croissance, innovantes et exportatrices, ainsi que de grands groupes multinationaux en capacité de s'appuyer sur des instruments de sécurisation de l'innovation tels que les brevets, ainsi que sur une communauté scientifique active, signifie néanmoins que l'économie montréalaise dispose d'atouts importants en matière d'innovation et de création d'emplois de qualité.

Les défis du marché du travail

Les indicateurs du marché du travail local peuvent permettre de mieux saisir comment l'équilibre entre les compétences de la population et les capacités productives à Montréal se traduit en matière d'emploi.

L'aire métropolitaine de Montréal est tout d'abord caractérisée par un fort taux d'activité (rapport entre le nombre d'actifs – occupés et chômeurs – et la population en âge de travailler – 15-64 ans). Ainsi, en 2014, Montréal se classait 7e sur les 19 métropoles de l'OCDE sélectionnées (graphique 2.13).

Si l'importance de la main d'œuvre était l'un des principaux facteurs de compétitivité de Montréal au début des années 2000 (OCDE, 2004), le taux d'activité a néanmoins baissé de façon régulière au cours des 10 dernières années (de 81 % en 2004 à 77.3 % en 2014), une tendance également observée à Toronto, Vancouver ou encore Chicago. Dans le même temps, des métropoles comme Hambourg, Frankfort, Milan, Stockholm ou San Francisco ont connu une forte hausse de leur taux d'activité.

Avec un taux de chômage de 8.7 % au cours du troisième trimestre 2015, Montréal présente des valeurs plus élevées que l'ensemble du Québec (7.8 %) et l'ensemble du Canada (7 %). Ceci peut s'expliquer en partie par le taux de chômage disproportionnellement élevé au sein de la population immigrante (11.3 % en 2014) ainsi que par les importantes pertes d'emplois manufacturiers qui engendrent des difficultés de reclassement des personnes ayant perdu leur emploi (FGM, 2015).

La graphique 2.14 ci-dessous révèle un problème d'intégration des immigrants au marché du travail à Montréal : le taux de chômage des immigrants récents y est largement supérieur en comparaison avec Toronto, Vancouver et la moyenne du Canada. En outre, les

Graphique 2.13. **Taux d'activité, 2014**

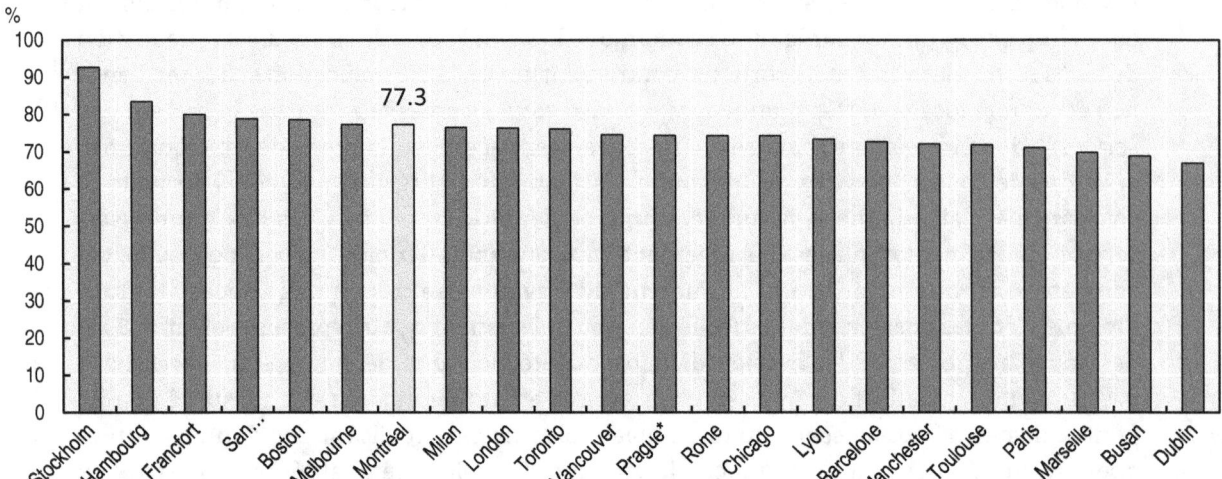

* Données disponibles en 2013 pour Prague.
Source : OCDE (2016), « Régions métropolitaines », *Statistiques régionales de l'OCDE* (base de données), http://dx.doi.org/10.1787/data-00531-fr.

Graphique 2.14. **Comparaison des taux de chômage des populations immigrées et nées au Canada, 2014**

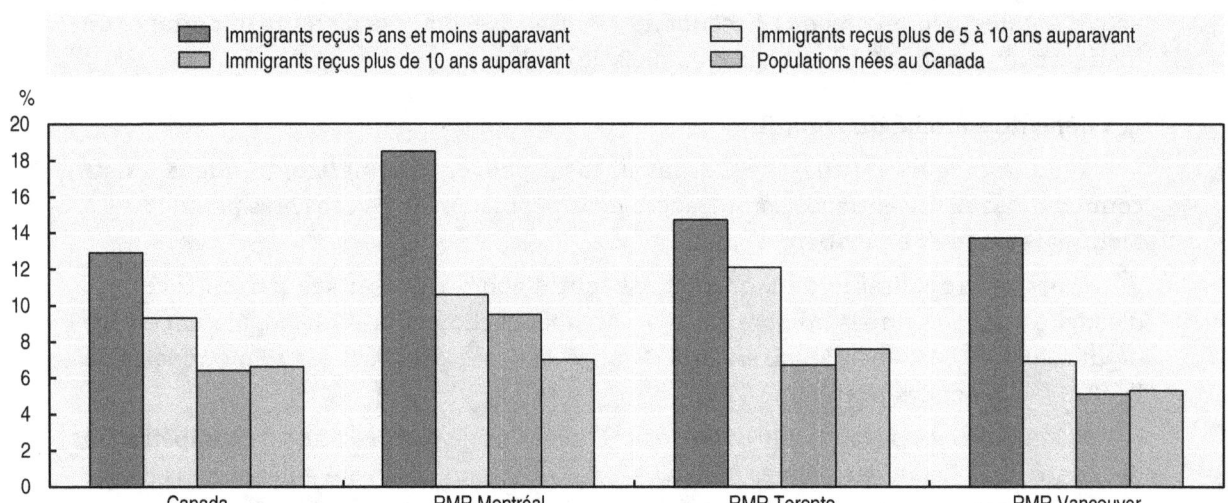

Source : Statistique Canada, tableau 282-0101 – Enquête sur la population active.

immigrants semblent éprouver des difficultés à s'intégrer au marché du travail sur le long terme puisque le taux de chômage des immigrants arrivés il y a plus de 10 ans reste supérieur à celui des personnes nées au Canada, ce qui n'est pas le cas à Toronto, Vancouver et au Canada en général.

Cependant, en comparaison avec les autres métropoles de l'OCDE, Montréal se situait au 11e rang sur 19 pour la part des personnes au chômage dans la population active en 2013 (graphique 2.15).

Le marché du travail local à Montréal semble être peu sensible à la conjoncture économique dans la mesure où le taux de chômage n'a que très peu fluctué au cours de la période 2000-14 (entre 7.3 % et 9.6 %). Une comparaison avec une sélection de métropoles

Graphique 2.15. **Part des personnes au chômage dans la population active, 2013**

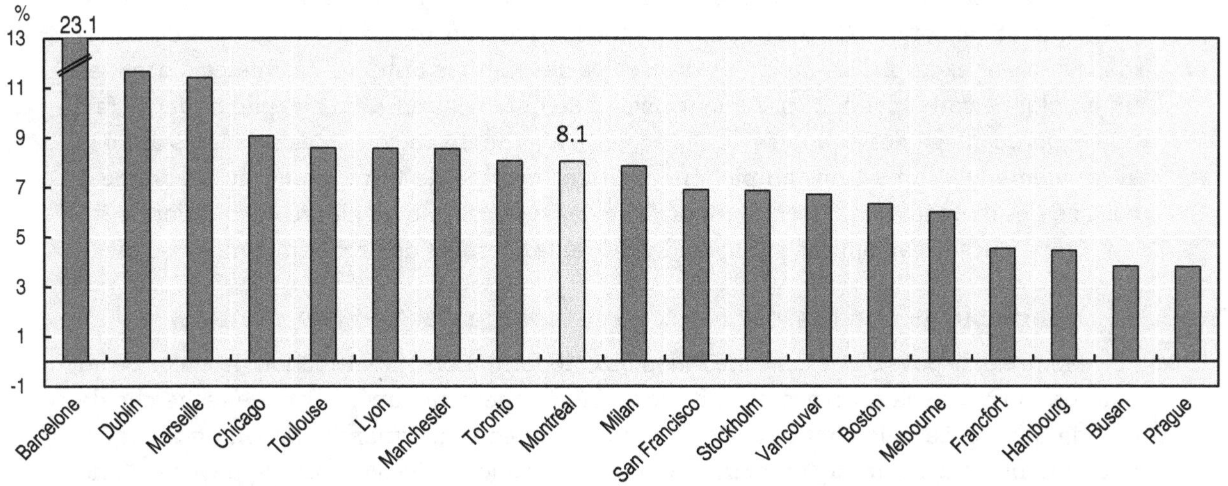

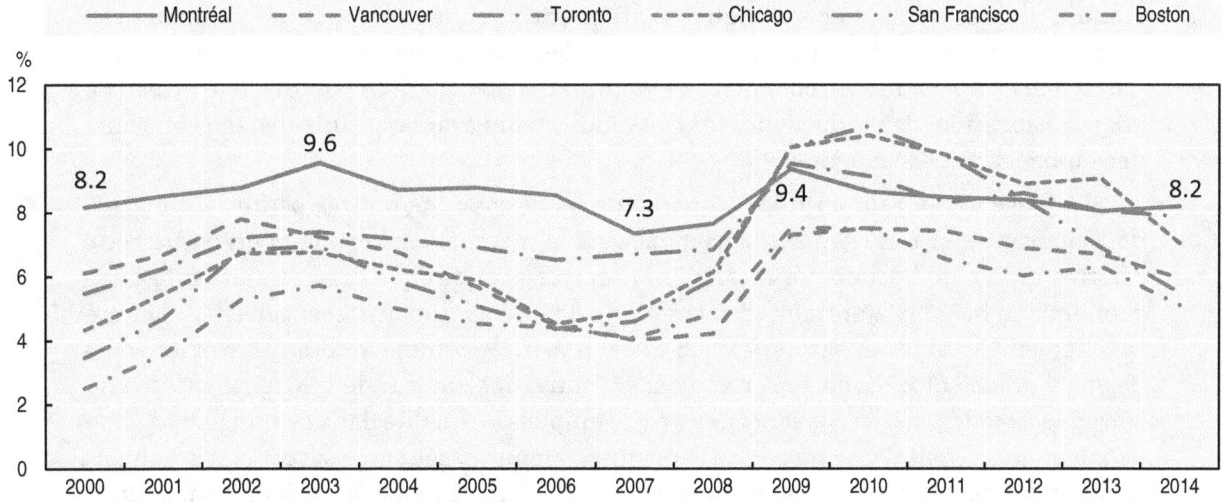

Source : OCDE (2016), « Régions métropolitaines », *Statistiques régionales de l'OCDE* (base de données), http://dx.doi.org/10.1787/data-00531-fr.

nord-américaines (graphique 2.16) illustre ce phénomène : Montréal était caractérisée, avant la crise de 2008, par un taux de chômage largement supérieur aux autres métropoles considérées. Entre 2008 et 2010, des métropoles telles que San Francisco, Chicago et Toronto ont subi une forte hausse de leur taux de chômage, dépassant ainsi celui de Montréal. Mais au cours des dernières années, le chômage a reculé de manière bien plus significative dans les autres métropoles qu'à Montréal, si bien que le taux de chômage y était à nouveau le plus élevé en 2014.

Graphique 2.16. **Proportion de personnes au chômage dans la population active, sélection de métropoles nord-américaines, 2000-14**

Source : OCDE (2016), « Régions métropolitaines », *Statistiques régionales de l'OCDE* (base de données), http://dx.doi.org/10.1787/data-00531-fr.

Si l'outil de diagnostic des compétences développée par l'OCDE permet d'analyser la mise en adéquation entre l'offre et la demande au sein d'une région ou d'une métropole, il est également intéressant de comprendre dans quelle mesure les personnes en emploi ont un niveau de qualification correspondant à celui requis pour le poste qu'ils occupent.

Boudarbat et Montmarquette (2013) ont trouvé que le taux de surqualification dans la région métropolitaine de Montréal était de 32 % en 2011, un taux similaire à celui observé à Toronto et Vancouver. Ce phénomène ne touche pas l'ensemble des employés de façon identique. Par exemple, les diplômés des écoles des métiers ont plus de chance d'occuper un emploi ne correspondant pas à leur niveau de qualification. Ceci s'explique par le fait que le pourcentage des diplômés de ces écoles a augmenté au cours des dernières années alors même que la part des emplois nécessitant ce type de formation a eu tendance à baisser. Ces données confirment l'importance de favoriser une meilleure adéquation entre les compétences développées par les individus et les besoins de l'économie montréalaise.

Quelques conclusions sur les forces et faiblesses de l'économie montréalaise

Montréal dispose d'une capacité indéniable de formation et d'attraction des talents, du fait notamment de la présence d'institutions d'enseignement supérieur et de recherche de grande qualité. La ville continuant de connaître un certain dynamisme démographique, notamment grâce à l'immigration internationale, l'économie locale peut s'appuyer sur une main d'œuvre abondante. Le taux d'activité à Montréal est ainsi parmi les plus élevés des métropoles de l'OCDE analysées. Le tissu économique de Montréal est diversifié, comme l'indique la présence de grappes industrielles structurées dans des secteurs variés à forte valeur ajoutée. Si le secteur des services est de loin le premier pourvoyeur d'emploi, le secteur de production de biens reste relativement important et inclut des activités d'excellence en forte croissance dans l'aérospatial, les sciences de la vie et technologies de la santé ou encore les jeux vidéo.

Un certain nombre d'éléments tendent néanmoins à pointer les faiblesses de l'économie montréalaise. Il semble que le potentiel en matière d'éducation et de formation ne se traduise pas pleinement en termes de niveau de qualification de la population, limitant ainsi le stock de compétences à disposition de l'économie locale. Face à cette offre limitée de compétences, le dynamisme relativement faible des activités productives signifie que les acteurs économiques n'affichent pas une demande de compétences particulièrement élevée. En comparaison avec les métropoles de l'OCDE sélectionnées dans cette étude, l'aire métropolitaine de Montréal est caractérisée par un faible niveau de PIB par habitant et de productivité, ces deux indicateurs ayant quasiment stagné au cours des quinze dernières années.

La présence au sein du tissu économique d'une majorité de très petites entreprises peu innovantes et tournées exclusivement vers le marché local explique en partie cette relative atonie de l'économie locale. Si la reprise économique faisant suite à la crise économique de 2008 a entraîné des créations d'emplois importantes, celles-ci l'ont été principalement dans des secteurs à faible valeur ajoutée comme le commerce et les soins de santé et assistance sociale. Comme dans d'autres métropoles de l'OCDE, le marché du travail local tend ainsi à se polariser entre des emplois de qualité dans des secteurs à forte valeur ajoutée, signe d'une transition vers une économie basée sur le savoir, et des emplois de moindre qualité ne nécessitant pas ou peu de qualification. De ce fait, les individus n'ayant obtenu qu'un niveau de qualification intermédiaire ont moins de chance de trouver un emploi correspondant à leur qualification et sont souvent surqualifiés. La concurrence pour les postes ne nécessitant qu'un faible niveau de compétences risque ainsi de s'accroître, ceci pouvant entraîner une pression à la baisse sur la qualité de ces emplois en termes de rémunération, de sécurité ou encore d'avancement possible, ainsi qu'une éviction des individus les moins qualifiés du marché du travail.

Les principaux indicateurs du marché du travail révèlent que l'aire métropolitaine de Montréal est caractérisée par un taux de chômage structurel élevé en comparaison avec les autres métropoles nord-américaines mais relativement stable au cours des dernières années. L'intégration des jeunes et des immigrants au marché du travail, ainsi que la rétention des individus les plus qualifiés et le décrochage scolaire, sont des problématiques importantes pour Montréal.

Le tableau suivant présente pour chacun des indicateurs considérés, une évaluation relative du niveau de performance de Montréal. Selon les données disponibles pour chaque indicateur, Montréal est comparée soit avec les autres aires métropolitaines nationales (Canada), soit les aires métropolitaines nord-américaines ou soit les aires métropolitaines internationales (parmi une sélection d'aires métropolitaines de référence*).

Tableau 2.3. **Évaluation comparative de l'aire métropolitaine de Montréal**

Thème	Indicateurs	Niveau d'analyse*	Évaluation comparative
Caractéristiques démographiques	Croissance de la population	Aires métropolitaines OCDE	O
	Ratio de dépendance démographique (âgés)	Aires métropolitaines OCDE	▲
Niveau d'éducation	Niveau de qualification	Canada	▲
Économie	PIB par habitant	Aires métropolitaines OCDE	■
	Productivité des travailleurs	Aires métropolitaines OCDE	■
PME	Dépenses en TIC nouveau	Canada	▲
	Dépenses en éducation et formation des employés	Canada	▲
	Dépenses en R-D	Canada	O
	Dépenses en nouveau matériel et équipement	Canada	■
	Internationalisation	Canada	▲
Innovation	Demandes de brevets	Aires métropolitaines OCDE	▲
	Innovation des PME	Canada	■
Marché du travail	Taux d'activité	Aires métropolitaines OCDE	O
	Taux de chômage	Aires métropolitaines OCDE	▲
	Taux de chômage des jeunes	Canada	■
	Intégration des immigrants au marché du travail	Canada	■

* L'analyse comparative au niveau de l'OCDE inclus les aires métropolitaines suivantes : Barcelone, Boston, Busan, Chicago, Dublin, Frankfort, Hambourg, Lyon, Manchester, Marseille, Melbourne, Milan, Prague, San Francisco, Stockholm, Toronto, Toulouse, Vancouver. L'analyse comparative au niveau du Canada inclus les régions métropolitaines de recensement de Toronto et Vancouver, ainsi que les données pour l'ensemble du Canada.
L'analyse comparative au niveau des métropoles nord-américaines inclus les régions métropolitaines de Toronto, Vancouver, Chicago, Boston et San Francisco.
O : Les performances de Montréal sont parmi les meilleures des aires sélectionnées.
▲ : Les performances de Montréal sont dans la moyenne des aires sélectionnées.
■ : Les performances de Montréal sont parmi les moins bonnes aires sélectionnées.

Notes

1. Le taux de diplomation mesure la proportion de jeunes ayant obtenu un diplôme d'études secondaires ou professionnelles, ou une qualification, au maximum 7 ans après leur inscription en 1e secondaire.
2. Les données utilisées sont tirées de l'Enquête sur le financement et la croissance des petites et moyennes entreprises de 2011 et 2014. Suite à un changement dans le questionnaire, les données sur les dépenses et les obstacles à l'innovation ne sont pas collectées en 2014.
3. Le caractère innovant d'une entreprise est défini ici sur une base déclarative et non en fonction d'indicateurs objectifs tels que le nombre de brevets déposés.
4. Statistique Canada, tableau CANSIM 282-0133.

Références

Bacolod, M. et al. (2009), « Skills in the city », *Journal of Urban Economics*, vol. 65(2), Elsevier, pp. 136-153.

Berry, C. et E. Glaeser (2005), « The Divergence of Human Capital Levels across Cities », *Regional Science*, vol. 84/3, pp. 407-444, http://dx.doi.org /10.1111/j.1435-5957.2005.00047.x.

Boudarbat, B. et C. Montmarquette (2013), *Origine et sources de la surqualification dans la région métropolitaine de Montréal*, Rapport de projet, Montréal, CIRANO, p 113.

Communauté Métropolitaine de Montréal (2013), Perspective Grand Montréal, *Bulletin de la Communauté métropolitaine de Montréal*, n° 24.

Emploi Québec (non daté), *Portrait de l'emploi et du marché du travail*, www.emploiquebec.gouv.qc.ca/regions/montreal/portrait-de-lemploi-et-du-marche-du-travail/.

FGM (2015), *Signes vitaux, Le grand Montréal en mutation*, Fondation du Grand Montréal.

Froy, F., S. Giguère et M. Meghnagi (2012), « Skills for Competitiveness: A Synthesis Report », Documents de travail du Programme LEED de l'OCDE concernant le développement de économique et la création d'emplois au niveau local (LEED), n° 2012/09, Éditions OCDE, Paris, http://dx.doi.org/10.1787/5k98xwskmvr6-en.

Gordon, D.L.A. et M. Janzen (2013), « Suburban Nation? Estimating the size of Canada's suburban population », *Journal of Architectural and Planning Research*, vol. 30/3, pp. 197-220.

ISQ (2014), *Compendium d'indicateurs de l'activité scientifique et technologique*, p.129, Institut de la Statistique du QuébecIDQ (2015), *Comparer Montréal, Tableau de bord de la région métropolitaine de Montréal*, Institut du Québec.

MI et CEM (2015), *Étude des facteurs associés à la rétention des immigrants temporaires dans le Grand Montréal*, Montréal International et Conseil Emploi Métropole.

OCDE (2015), *Création d'emplois et développement économique local (Version abrégée)*, Éditions OCDE, Paris, http://dx.doi.org/10.1787/9789264230477-fr.

OCDE (2014a), *OECD Regional Outlook 2014 : Regions and Cities: Where Policies and People Meet*, Éditions OCDE, Paris, http://dx.doi.org/10.1787/9789264201415-en.

OCDE (2014b), *Stratégies d'emploi et de compétences au Canada*, Éditions OCDE, Paris, http://dx.doi.org/10.1787/9789264211612-fr.

OCDE et China Development Research Foundation (2010), *Trends in Urbanisation and Urban Policies in OECD Countries : What Lessons for China?*, Éditions OCDE, Paris, http://dx.doi.org/10.1787/9789264092259-en.

OCDE (2006), *Competitive Cities in the Global Economy*, Éditions OCDE, Paris, http://dx.doi.org/10.1787/9789264027091-en.

OCDE (2004), *Examens territoriaux de l'OCDE : Montréal, Canada 2004*, Éditions OCDE, Paris, http://dx.doi.org/10.1787/9789264105997-fr.

OCDE (2003), *Manuel de Frascati 2002 : méthode type proposée pour les enquêtes sur la recherche et le développement expérimental. La mesure des activités scientifiques et technologiques*, Edition OCDE, Paris, http://dx.doi.org/10.1787/9789264299047-fr.

Statistique Canada (2015) *Enquête sur le financement et la croissance des petites et moyennes entreprises*.

Statistique Canada (2013), *Perspectives Sectorielles 2013-2015 – Montréal*.

Statistique Canada (2011) *Enquête sur le financement et la croissance des petites et moyennes entreprises*.

Statistique Canada (2009) *Enquête sur l'accès et le soutien à l'éducation et à la formation*, www23.statcan.gc.ca/imdb/p2SV_f.pl?Function=getSurvey&SDDS=5151.

Statistique Canada (2004) *Enquête sur l'éducation et sur la formation des adultes*, www23.statcan.gc.ca/imdb/p2SV_f.pl?Function=getSurvey&SDDS=3879.

Tochtermann, L. et N. Clayon (2011), *Moving on up, moving on out?*, London: Centre for Cities.

Veneri, P. (2015), « Urban Spatial Structure in OECD Cities: Is Urban Population Decentralising or Clustering? », *OECD Regional Development Working Papers*, n° 2015/01, Éditions OCDE, Paris, http://dx.doi.org/10.1787/5js3d834r3q7-en.

Chapitre 3

Les actions menées à Montréal : principaux constats

> *Ce chapitre brosse un tableau des actions menées dans les différents domaines concernés par cette étude et pointés par le diagnostic effectué au premier chapitre. Il met en lumière certaines avancées et certains défis, se référant à l'expérience d'autres pays, dans quatre domaines : i) la coordination entre les politiques de l'emploi, de développement des compétences et celles de développement économique et leur adaptation aux réalités montréalaises; ii) la création d'une économie locale productive; iii) le soutien à l'entrepreneuriat, à l'innovation et au développement économique; et iv) faire en sorte que la croissance soit inclusive.*

Le chapitre précédent a montré que relativement à des villes comparables sur le territoire nord-américain, l'économie montréalaise se trouve dans un équilibre à faible niveau de compétences et de productivité. Elle présente des faiblesses à la fois au niveau des capacités productives et de la productivité, et à celui de l'offre de compétences. Montréal dispose d'institutions d'éducation de qualité, d'un milieu de la recherche dynamique et d'un pouvoir d'attraction considérable des talents en provenance de l'étranger. Son tissu économique est diversifié, et composé de grappes industrielles structurées et à forte valeur ajoutée. Cependant, son potentiel de mobilisation des talents ne se traduit pas pleinement en termes de niveau de qualifications de la population. Si certains entrepreneurs montréalais innovants font délibérément le choix de ne pas s'insérer dans un modèle classique de croissance d'entreprise, afin de conserver un certain degré d'agilité et d'autonomie, une majorité de très petites entreprises semblent en revanche manquer d'ambition, innovant peu, par exemple en matière d'organisation du travail, et se tournant exclusivement vers le marché local. Le marché du travail local tend à se polariser entre des emplois de qualité dans des secteurs de pointe et des emplois de moindre qualité nécessitant peu de qualification, entraînant la surqualification d'une partie de la main d'œuvre et en évinçant une autre, contribuant ainsi au chômage structurel élevé de la ville.

Des actions doivent être menées à la fois sur les plan des capacités productives locales et sur l'offre de compétences pour positionner Montréal sur une trajectoire visant un équilibre à haut niveau de compétences et de productivité pouvant créer plus d'emplois, et de meilleure qualité. Ces actions concernent un large éventail de secteurs allant de l'éducation, la formation et l'emploi à l'innovation et l'entrepreneuriat. Bien entendu, tous ces domaines d'intervention ne sont pas du ressort de la Ville de Montréal. Cependant, ils peuvent nécessiter une approche ciblée et un certain degré de cohérence et d'intégration, et impliquer différents niveaux de gouvernement. Dans ce contexte les discussions actuelles sur le statut de métropole pour Montréal tombent à point nommé.

Afin de pouvoir déterminer les actions à renforcer ou à mettre en place dans le but de bien aiguiller Montréal vers un équilibre à haut niveau de compétences et de productivité pouvant créer plus d'emplois de qualité, il faut d'abord évaluer les politiques publiques déjà en place. Il est par conséquent essentiel d'analyser les actions pouvant avoir un impact sur les capacités productives et l'offre de compétences, qu'elles soient menées par la Ville ou par d'autres intervenants ou niveau de gouvernement, et de les comparer avec le résultat de l'expérience internationale. Dans ce contexte, l'OCDE a recensé un certain nombre d'aspects du cadre d'intervention pouvant contribuer à positionner une économie locale sur une trajectoire visant un équilibre à haut niveau de compétences et de productivité.

Ce chapitre présente les principaux constats issus d'un travail d'analyse des politiques et initiatives menées sur le territoire montréalais en matière d'emploi, de développement des compétences et d'innovation par les différents niveaux d'intervention. Au moyen d'un tableau de bord, il présentera les forces et les faiblesses du cadre d'action publique actuel dans quatre thématiques clés. L'encadré 3 ci-dessous détaille la méthodologie employée.

> **Encadré 3. Outil d'évaluation du cadre d'action publique à Montréal**
>
> Le programme LEED de l'OCDE a identifié une grille des meilleures pratiques en matière de politique d'emploi, de développement des compétences et d'innovation permettant d'évaluer le cadre d'action publique local dans quatre thématiques clés :
>
> 1. La coordination entre les politiques de l'emploi, de développement des compétences et celles de développement économique et leur adaptation aux réalités montréalaises
> 2. La création d'une économie locale productive - Ajouter de la valeur grâce aux compétences et éviter le piège de l'équilibre à faible niveau de compétences
> 3. Le soutien à l'entrepreneuriat, à l'innovation et au développement économique – Cibler les politiques en direction des secteurs locaux d'emploi et investir dans la qualité des emplois
> 4. Faire en sorte que la croissance soit inclusive - Tirer profit des possibilités de développement économique et des compétences pour favoriser l'intégration au marché du travail
>
> Chacune de ces thématiques fait l'objet d'une évaluation détaillée sur la base d'indicateurs pour lesquels un score est proposé sur une échelle de 1 (faible) à 5 (élevée). Ces scores ont été calculés en suivant une méthodologie mise au point par l'OCDE, utilisant le résultat de recherche documentaire, de questionnaires complétés par des responsables de programmes et services aux différents paliers administratifs ainsi que d'entretiens complémentaires. Cette méthodologie a été utilisée par l'OCDE dans un certain nombre d'études, et notamment les Revues de l'OCDE sur la création locale d'emploi.
>
> Les résultats préliminaires de cet exercice ont été présentés et discutés lors d'une table-ronde tenue à Montréal en novembre 2015 réunissant plusieurs organisations impliquées dans les domaines du développement économique, des compétences et de l'emploi à différents niveaux et représentant les secteurs public, privé et à but non lucratif/non-gouvernemental.

La graphique 3.1 présente l'ensemble des résultats du tableau de bord. Ce dernier met en évidence le niveau inégal des politiques publiques mises en place par les nombreux acteurs de niveau fédéral, provincial, régional ou municipal. Malgré les récents efforts de rationalisation de l'action publique et les interactions entre ces acteurs cherchant à mieux orchestrer leurs actions afin d'éviter les dédoublements ou les incohérences, l'harmonisation des stratégies et des actions entre les différents échelons de gouvernement constitue toutefois un défi majeur dans le contexte institutionnel en place à Montréal.

Les quatre thématiques de l'étude seront présentées et abordées successivement, accompagnées d'une explication des résultats, et dans certains cas d'exemples éclairant la situation montréalaise. Des exemples d'initiatives relevées dans les pays de l'OCDE seront également intégrés à l'analyse afin d'apporter des éléments de comparaison.

Thème 1. Mieux coordonner et adapter les politiques de l'emploi, du développement des compétences et du développement économique aux réalités montréalaises

Ce thème porte sur l'évaluation du niveau de flexibilité et d'articulation des dispositifs publics ainsi que sur la prise en compte des données locales dans l'élaboration de ceux-ci. La graphique 3.2 présente les résultats pour ces trois indicateurs. Le but est d'analyser dans quelle mesure les politiques publiques sont adaptées aux conditions spécifiques observées à Montréal en matière d'emploi, de compétences et d'économie locale.

Graphique 3.1. **Le cadre d'action publique : résultats du tableau de bord**

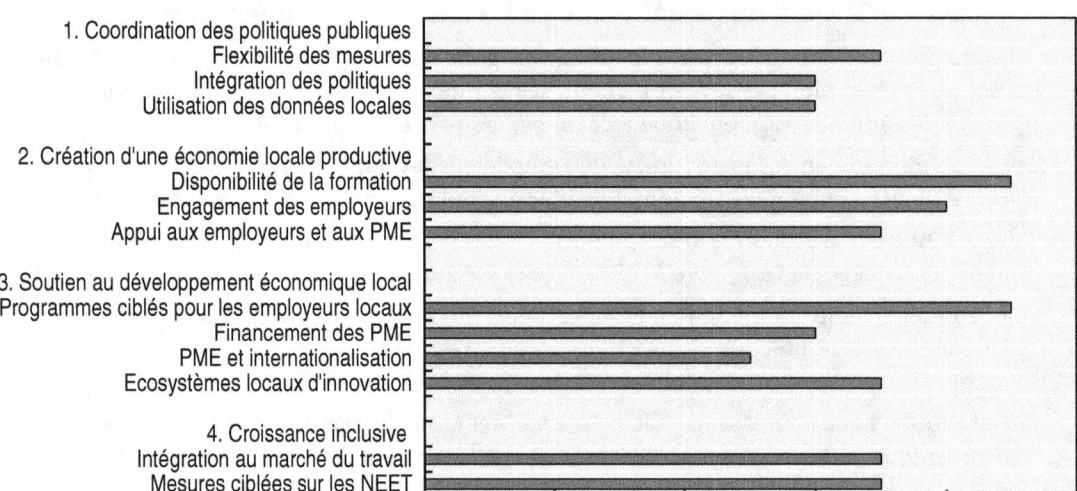

Graphique 3.2. **Flexibilité, coordination, données locales**

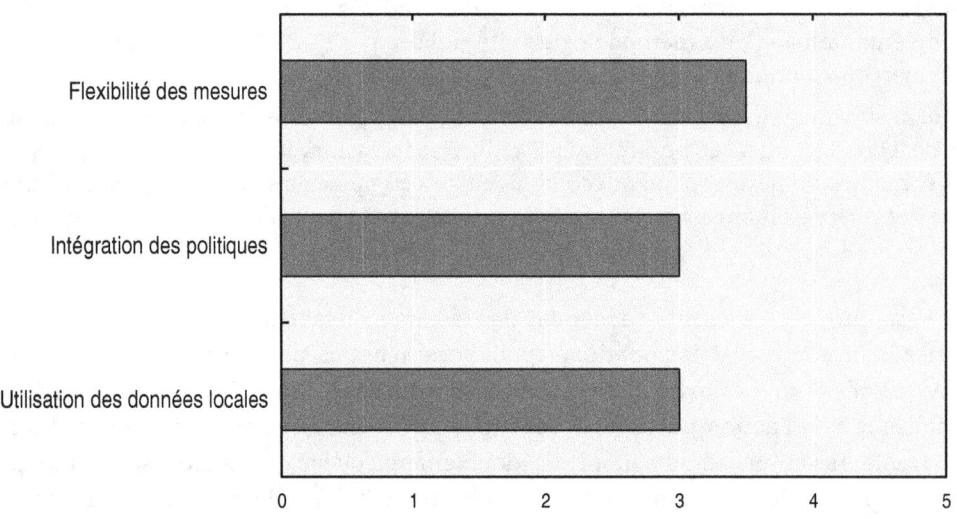

1.1. Flexibilité dans la conception et la mise en œuvre des politiques et des initiatives pour l'emploi et la formation

La flexibilité a été définie par L'OCDE comme la « possibilité d'ajuster les politiques aux différentes étapes de leur élaboration, de leur mise en place et de leur application afin de mieux les adapter aux contextes locaux, aux mesures que prennent d'autres organismes, aux stratégies poursuivies et aux défis et possibilités auxquels elles sont confrontées » (Giguère et Froy, 2009). Dans le contexte de cette étude, la flexibilité se réfère à la latitude qui existe en matière de gestion des systèmes d'emploi et de formation à Montréal, plutôt qu'à la flexibilité du marché du travail lui-même. Qu'ils soient de niveau fédéral, provincial, métropolitain ou municipal, les gouvernements doivent donner des marges de manœuvre suffisantes quand ils allouent des responsabilités en matière d'élaboration des politiques et des programmes, de gestion des budgets, de détermination des cibles de performance, de définition des conditions d'admissibilité et d'externalisation des services.

Une politique d'emploi flexible

Les politiques d'emploi et de formation des personnes au chômage à Montréal sont principalement conçues à l'échelle de la province par l'administration centrale du service public de l'emploi, Emploi-Québec. Ils consistent d'une part en des services universels accessibles à toute personne ou organisation intéressée et comprennent l'accueil, l'inscription, la référence, le conseil, l'information sur le marché du travail (IMT), ainsi qu'un service de placement en ligne (appariement entre demandeurs et offreurs d'emploi). Ils incluent d'autre part des mesures dont l'accès est déterminé en fonction des caractéristiques et des besoins de la personne, mais également par son statut de participant à l'assurance emploi ou de prestataire de l'aide sociale.

Les directions régionales d'Emploi-Québec, dont celle de Montréal et ses 17 Centres locaux d'emploi (CLE) destinés à la clientèle des individus, disposent d'une marge de manœuvre significative quant au choix des mesures à mettre en œuvre, en fonction des besoins locaux. La direction régionale de Montréal bénéficie d'une enveloppe budgétaire globale pour les services et peut déployer les ressources selon les besoins et priorités établies, tout en respectant ce budget. La direction régionale assure la négociation et la gestion des ententes de services avec les ressources externes, qui sont des organismes communautaires à but non lucratif dans la majorité des cas. Cependant, les CLE peuvent choisir dans certains cas les fournisseurs qui exécuteront les programmes ou influencer le choix de ceux-ci. Les services offerts en vertu de ces contrats reposent sur les résultats attendus en termes de volume de clients à servir et de résultats des interventions (retour en emploi, retour aux études, etc.) dont les grands paramètres sont établis par Emploi-Québec au niveau provincial.

Le site internet d'Emploi-Québec, qui inclue un volet montréalais, est de type libre-service, et les CLE sont accessibles à toute personne intéressée. Des salles dite multiservices sont en libre accès et permettent l'utilisation de divers outils de recherche d'emploi ou d'information sur le marché du travail, la formation, les entreprises des environs, et autres moyens et aides utiles à la recherche d'emploi. Le personnel de ces salles conseille les utilisateurs et les oriente au besoin vers les services plus spécialisés. Ceux-ci sont essentiellement de deux types. En premier lieu, des personnes viennent pour obtenir un soutien du revenu, temporaire ou permanent selon leur condition. En second lieu, un accompagnement vers l'emploi, qui passe par l'établissement d'un parcours personnalisé, est établi par la personne et son conseiller du CLE.

Un éventail de mesures touchant la formation, la préparation à l'emploi, l'emploi autonome, les subventions salariales, la reconnaissance des qualifications, l'aide et l'accompagnement social sont offertes par Emploi-Québec. Le client et son agent du bureau local déterminent conjointement quelles mesures conviennent à chaque cas individuel, en tenant compte des caractéristiques de la personne, de ses aspirations et de ses aptitudes, ainsi que des besoins du marché du travail local. Par la suite, la personne sera référée à des organismes spécialisés à différentes étapes de son parcours, et elle sera suivie tout au long de celui-ci par son conseiller d'Emploi-Québec. Des contraintes budgétaires peuvent dans certains cas imposer des délais ou des contingentements à l'accès à certaines mesures, mais cette situation demeure exceptionnelle.

Un Conseil régional des partenaires du marché du travail (CRPMT) conseille, oriente et accompagne la direction régionale d'Emploi-Québec. Il est composé de 6 représentants patronaux, de 6 représentants syndicaux, de 2 représentants d'organismes communautaires, de 4 représentants du domaine de la formation et de la directrice régionale d'Emploi-Québec.

En outre, le directeur régional du ministère de l'Économie, de la Science et de l'Innovation (MESI), ainsi qu'un représentant du ministère de l'Immigration, de la Diversité et de l'Inclusion (MIDI) et un autre du ministère des Affaires municipales et de l'Occupation du territoire (MAMOT) y participent à titre de membres sans droit de vote. Il est à noter qu'aucun représentant municipal ni fédéral n'est présent à ce Conseil.

> **Encadré 4. Le financement des services publics de l'emploi à Montréal**
>
> Le financement des services publics d'emploi, dont Emploi-Québec en premier lieu, provient à plus de 80 % du gouvernement fédéral. Deux ententes principales encadrent ces transferts financiers entre les gouvernements fédéral et provincial. La première et la plus importante quant aux sommes impliquées, dite Entente sur le développement du marché du travail (EDMT), émarge du Compte de l'assurance-emploi auquel cotisent les employeurs et les travailleurs. En vertu de l'EDMT, les ayants droit de l'assurance-emploi sont servis en priorité lorsqu'il s'agit de la participation aux mesures qui engagent des dépenses importantes, dont la formation. L'EDMT définit également dans les grandes lignes les services et les mesures que la province doit mettre en place afin d'accéder au financement fédéral.
>
> La seconde entente fédérale provinciale est appelée Entente sur le fonds canadien pour l'emploi (EFCE). Ces sommes additionnelles sont destinées aux personnes n'ayant pas droit à l'assurance-emploi, dont les chômeurs non couverts par l'assurance-emploi et les travailleurs faiblement scolarisés. Pour l'essentiel, les services et les mesures financées par l'EFCE sont les mêmes que pour l'EDMT. D'autres ententes touchent les personnes handicapées et les travailleurs âgés. Enfin, le gouvernement fédéral administre directement quelques autres programmes, dont une Stratégie Jeunesse et diverses initiatives en faveur des populations autochtones.
>
> La conception détaillée du service public de l'emploi, ainsi que sa mise en œuvre, relève de la province du Québec. Les directions régionales et les centres locaux d'emploi ont alors entre les mains un «panier de services» dont ils disposent globalement, ce qui signifie que ces instances peuvent opter pour des assemblages différents d'un endroit à l'autre, en fonction des besoins du territoire. Ce panier de mesures et de services est en outre défini de telle manière qu'il laisse de la place à des adaptations locales. De plus, près de 20 % des budgets consentis aux services publics d'emploi provient du gouvernement provincial. Les bénéficiaires de l'assistance sociale constituent une clientèle privilégiée pour le gouvernement du Québec lorsque ces personnes sont considérées aptes à occuper un emploi ou à entreprendre des démarches en ce sens.
>
> Enfin, les deux gouvernements offrent concurremment des services d'information sur le marché du travail et d'appariement entre les chercheurs d'emplois et les employeurs (Placement en ligne au Québec et Guichet Emploi au Canada).
>
> Selon les dernières données comparatives disponibles publiées par l'OCDE, le Canada investissait l'équivalent de 0.23 % de son PIB en mesures actives du marché du travail en 2013 (administration, information, préparation à l'emploi, stabilisation de l'emploi, placement, formation, subventions à l'emploi et au travail autonome et autres dispositifs), soit moins de la moitié de la moyenne des pays de l'Organisation (0.56 %), et environ la moitié de ce que le pays investissait à ce chapitre en 1996 (0.45 %).

Au-delà des services délivrés par le service public de l'emploi, des formations pour adultes, notamment axées sur l'alphabétisation, la francisation, l'anglais langue seconde ou la formation professionnelle, sont proposées par les commissions scolaires (CS) et les collèges d'enseignement général et professionnel (CEGEP). Les CS peuvent émettre des attestations d'études professionnelles (AEP) sans sanction ministérielle pour des formations de courte durée, et les CEGEP peuvent développer des attestations d'études collégiales (AEC) pour des formations également de courte durée axées sur les besoins du marché du travail. Emploi-Québec finance la participation de nombreuses personnes à ces formations.

Les CS disposent d'un service d'aide aux entreprises (SAE) afin de répondre aux besoins de ces dernières en matière de formation axée sur l'emploi et de formation sur mesure, et les CEGEP proposent quant à eux une offre de formation continue pour les adultes qui souhaitent développer ou mettre à jour leurs compétences professionnelles, ainsi que pour les entreprises souhaitant développer ou faire évoluer les compétences de leur main-d'œuvre. Mais les règles en vigueur et les ressources consenties ne semblent pas suffisantes pour répondre à la demande, surtout au niveau collégial, et l'offre de formation continue apparaît peu développée à ce jour.

Une politique éducative et de formation centralisée et relativement rigide

En ce qui concerne la formation initiale des jeunes, incluant la formation professionnelle et technique, celle-ci relève du ministère de l'Éducation, de l'Enseignement supérieur et de la Recherche (MEESR), qui n'est pas décentralisé au même titre qu'Emploi-Québec. L'éducation est une responsabilité constitutionnelle provinciale au Canada, et les programmes sont établis par le ministère qui est également responsable de la sanction des études. Un récent rapport de l'OCDE a révélé le manque de flexibilité et le cloisonnement institutionnel du système d'enseignement et de formation professionnelle et technique au Québec, ceci limitant le degré de réactivité à la demande locale (OECD, 2014a). Les commissions scolaires et les établissements collégiaux n'ont, dans la plupart des cas, que peu de latitude pour adapter les cursus, programmes et cours de formation en fonction des besoins des employeurs et des individus. La création de nouveaux programmes nécessite l'approbation du ministère de l'éducation, ce processus n'aboutissant généralement qu'au bout de plusieurs mois. Ce manque de souplesse a également été constaté dans les formations proposées aux adultes, celles-ci étant caractérisées par des critères d'accessibilité stricts qui limitent les possibilités de réinsertion et d'avancement professionnel des individus n'ayant pas obtenu de diplôme d'études secondaires.

Il existe néanmoins plusieurs exercices de nature partenariale et d'adaptation aux réalités locales, et plus particulièrement à celles du marché du travail. Par exemple, le MEESR mène de nombreux exercices de consultation auprès des représentants du monde du travail afin de développer ou d'ajuster des programmes ou des parcours de formation, dont l'apprentissage, afin de tenir compte de besoins spécifiques et de l'évolution des réalités du marché du travail. Le MEESR administre également une « *carte des enseignements* » qui attribue à certains territoires des autorisations d'enseignement, essentiellement en formation professionnelle et technique, sur la base de la composition de l'activité économique du territoire.

Si le volet conceptuel, stratégique et normatif, dont la sanction des études, relève du MEESR, la gestion concrète passe par les commissions scolaires (CS) qui sont responsables de la bonne marche des établissements d'enseignement primaire et secondaire ; et par les cégeps qui opèrent un volet technique de formation destiné à préparer les jeunes à occuper un emploi en lien avec cette formation.

> **Encadré 5. Exemples de systèmes d'éducation et de formation professionnelle flexibles au Canada (Ontario) et aux États-Unis (Californie et Michigan)**
>
> L'OCDE a mis en évidence l'importance de disposer de systèmes d'éducation et de formation professionnelle suffisamment flexible pour être en capacité de répondre aux besoins changeant des marchés du travail locaux. Un système de formation flexible peut en effet permettre d'assurer une meilleure adéquation entre les formations proposées et les besoins des employeurs, ceci pouvant favoriser les gains de productivité et améliorer la qualité des emplois.
>
> En Ontario, chaque collège communautaire dispose d'un comité consultatif des programmes qui rend compte au président du collège par l'intermédiaire du conseil des gouverneurs. Ce comité apporte son aide dans la définition des contenus des programmes ainsi que des compétences que doivent acquérir les diplômés. Le fait que le comité soit composé d'employeurs permet de s'assurer de la pertinence des programmes et de relever les insuffisances dans l'offre de formations des collèges.
>
> Aux États-Unis, les systèmes de gouvernance dans le domaine de l'éducation et de la formation professionnelle, s'ils peuvent différer selon les États, sont généralement marqués par une degré de flexibilité substantiel. Ainsi, les community colleges sont dirigés par des conseils de gouvernance dont les membres peuvent être élus ou choisis par les autorités locales ou de l'État. Les colleges ont la possibilité d'adapter les programmes de formation de manière relativement aisée, les décisions dans ce domaine étant prises au niveau local et non de l'administration au niveau des États. Ceci leur permet de mettre en place des programmes de formation sur mesure à destination des employeurs dans un lapse de temps relativement court.
>
> La réactivité du système d'éducation et de formation professionnelle est d'autant plus grande que des liens étroits sont noués avec le tissu économique local. Or, les community colleges sont membres à part entière des Workforce Investment Boards (WIBs), institutions en charge de proposer des services d'emploi et de formation aux individus dans chaque localité (600 sur l'ensemble du territoire des États-Unis), ce qui favorise les liens avec les employeurs locaux. Ainsi, des partenariats mis en place entre community colleges et entreprises locales ont permis de révéler certains déficits de main d'œuvre et de compétences, et de proposer des formations répondant à ces besoins spécifiques.
>
> Dans la région de Sacramento, ce travail de collaboration a été favorisé par l'établissement de neuf centres dont l'une des missions est de permettre la mise en adéquation entre les offres de formations et les besoins des employeurs de la région. Ces centres sont situés dans dix zones identifiées comme prioritaires du point de vue du développement économique. Dans l'État du Michigan, le collège Delta propose des formations « juste à temps » dans un lapse de temps de quatre semaines. Les formations ne sont pas liées au calendrier académique et le collège fait appel à des formateurs externes qualifiés lorsqu'il ne dispose pas de moyens d'enseigner certains cours. Dans la baie des Grands Lacs, les programmes de formations personnalisés s'appuient sur « fast start », un partenariat entre le collège Delta, l'association de service de l'emploi Michigan Works et des employeurs dans différents secteurs clés de l'économie locale. « Fast start » a pour objectif de permettre aux employeurs souhaitant créer ou développer des nouvelles lignes de produits de disposer d'une main d'œuvre ayant les compétences pour le faire, à la fois en termes de savoir-faire techniques, de capacité à travailler en équipe, de communication et d'esprit critique. Les partenaires de développement économique rencontrent dans un premier temps les employeurs afin qu'ils définissent les critères de

> **Encadré 5. Exemples de systèmes d'éducation et de formation professionnelle flexibles au Canada (Ontario) et aux États-Unis (Californie et Michigan)** *(suite)*
>
> recrutement ainsi que les compétences visées. La durée de la formation peut aller de 12 semaines à 9 mois. Les prérequis pour accéder aux formations et les contenus des programmes de formation sont élaborés en collaboration avec le collège Delta. Les agences du réseau local de développement de la main d'œuvre orientent leurs clients vers le collège Delta qui se charge de sélectionner les participants aux formations. « Fast start » est conçu pour les individus ayant la possibilité de prendre part à des formations à temps plein, soit environ 30 heures de formation en présentiel par semaine, auxquelles s'ajoutent entre 15 et 20 heures de formation en dehors du collège. Ces formations de type accéléré sont essentiellement adaptées à des candidats ayant obtenu un diplôme universitaire ou une formation qualifiante dans un domaine technique, ou encore ceux disposant d'une expérience professionnelle ou militaire suffisante.
>
> *Source :* OCDE (2014a), *Stratégies d'emploi et de compétences au Canada*, Éditions OCDE, Paris, http://dx.doi.org/10.1787/9789264211612-fr ; OCDE (2014b), *Employment and Skills Strategies in the United States*, OECD Reviews on Local Job Creation, Éditions OCDE, Paris, http://dx.doi.org/10.1787/9789264209398-en.

1.2. *L'intégration entre l'emploi, le développement des compétences et le développement économique*

L'OCDE a démontré l'importance de décloisonner les efforts de développement des compétences en les articulant avec les politiques de développement économique, ceci devant permettre de réaliser des gains de productivité grâce à une meilleure utilisation des compétences (OECD, 2015a). Ceci a également été mis en avant à l'occasion du forum stratégique sur les compétences du futur organisé par la Chambre de commerce du Montréal métropolitain en février 2016. Au cours de ce forum, qui a rassemblé des acteurs de l'industrie, le milieu de l'éducation et les gouvernements, le rôle essentiel des compétences comme levier pour rehausser la productivité et la richesse économique a été souligné, tout comme l'importance de favoriser une meilleure adéquation entre ces compétences et les besoins des milieux d'affaires, ces derniers étant en constante évolution (CCMM, février 2016).

Les nombreuses mesures mises en place par les pouvoirs publics dans le domaine du développement économique local démontrent une volonté d'appuyer les dynamiques économiques du territoire. Cependant, les effets de ces interventions pâtissent d'un manque de coordination avec les politiques locales relatives à l'emploi et aux compétences. Les considérations propres à chaque organisation, dont les clientèles à desservir et cibles à atteindre en priorité au sein de chacune de ces organisations, ont habituellement la préséance par rapport à la concrétisation collective d'une vision intégrée et partagée des finalités recherchées, de la définition des résultats attendus, de la mise en commun des ressources et des mesures d'évaluation pertinentes.

Les dispositifs publics de soutien au développement économique à Montréal sont caractérisés par une certaine complexité dans la mesure où plusieurs acteurs élaborent des stratégies et interviennent dans des domaines connexes. Ainsi, le gouvernement fédéral est un acteur important, notamment via Développement économique Canada (DEC) et la Banque de développement du Canada (BDC), mais aussi compte tenu de ses responsabilités quant aux ponts, au port de Montréal et à l'aéroport international Pierre-Elliot-Trudeau. Le ministère provincial de l'Économie, de l'Innovation et des Exportations (MEIE) dispose lui aussi d'outils d'intervention qui passent par une direction régionale montréalaise. La

Communauté métropolitaine de Montréal (CMM) produit de son côté un plan quinquennal de développement économique ainsi qu'un plan d'aménagement et de développement. Enfin, la Ville de Montréal a une direction du développement économique qui formule également une vision stratégique du développement.

Le gouvernement du Québec a récemment entrepris une démarche de simplification et de regroupement des ressources en matière de développement économique local et régional. Il a notamment aboli à l'automne 2014 les conférences régionales des élus (CRE), dont celle de Montréal, ainsi que le programme des centres locaux de développement (CLD) dont les mandats ont été dévolus aux municipalités Québécoises. La Ville de Montréal a alors procédé à une réorganisation du réseau de soutien au développement local en créant, en avril 2015, PME MTL, un réseau d'agences dont le rôle est d'encourager le démarrage et la croissance des PME montréalaises grâce à une offre de service unifiée permettant de simplifier les démarches d'affaires. Malgré ces efforts récents de rationalisation et de simplification, le cadre institutionnel dans le domaine du développement économique local reste complexe. Le gouvernement provincial continue par exemple d'opérer ses propres dispositifs de planification et d'initiatives de développement local via ses 17 régions administratives.

L'émergence d'une vision métropolitaine partagée à Montréal peut permettre d'aller dans le sens d'une plus grande cohérence de l'action publique et d'une meilleure coordination avec les interventions dans les domaines de l'emploi et du développement des compétences. Le Conseil Emploi Métropole (CEM) joue d'ores et déjà un rôle majeur dans ce sens grâce à son mandat de connaissance et de conseil quant à la situation du marché du travail et quant aux priorités à retenir par les services publics de l'emploi montréalais. Le CEM conseille ainsi les 5 directions régionales d'Emploi-Québec couvrant le territoire métropolitain, ainsi que l'agence centrale et la Commission des partenaires du marché du travail (CPMT) qui est l'instance partenariale provinciale en matière d'emploi. L'adéquation entre la formation, les compétences et l'emploi a été identifiée comme l'une des deux priorités à l'échelle de la métropole de Montréal, la seconde étant l'intégration au marché du travail des personnes immigrantes.

L'évolution vers un statut de métropole pour la municipalité de Montréal offre une opportunité d'aller vers une plus grande intégration entre les stratégies de développement économique, d'emploi et de développement des compétences à l'échelle métropolitaine. Les « City Deals » conclu entre le gouvernement britannique et les principales villes anglaises (voir encadré 6), tout comme la création d'un nouveau statut de métropole en France, offrent des enseignements intéressants en la matière.

> **Encadré 6. Exemples de processus de transferts de compétences au niveau des grandes villes ayant conduit à une meilleure intégration des politiques publiques locales au Royaume-Uni et en France**
>
> **Les « City Deals » en Angleterre**
>
> Au Royaume-Uni, les « City Deals » sont des accords entre le gouvernement central et les villes visant à donner aux décideurs locaux plus de pouvoirs et de liberté ainsi que l'accès à des nouveaux mécanismes de financement, en contrepartie d'un degré plus important de responsabilité en matière de soutien au développement économique local. Le développement des compétences est l'un des éléments figurant dans les « City Deals ». La première vague d'accords a été conclue en juillet 2012 avec les 8 zones urbaines les plus

> **Encadré 6. Exemples de processus de transferts de compétences au niveau des grandes villes ayant conduit à une meilleure intégration des politiques publiques locales au Royaume-Uni et en France** *(suite)*
>
> importantes d'Angleterre, en dehors de Londres. La seconde vague incluait quant à elle 20 villes sélectionnées en fonction de leur taille ainsi que de leur niveau de croissance démographique entre 2001 et 2010.
>
> Le Grand Manchester fait figure de chef de file dans la mise en application de ces accords grâce à une gouvernance forte, stable et efficace à l'échelle de son aire urbaine, suite à la création de la « Greater Manchester Combined Authority » en avril 2011. Le Grand Manchester a su faire émerger une vision claire des forces et des faiblesses de son économie ainsi que des leviers pouvant permettre de réaliser son potentiel de développement. Au travers du « City Deal », Manchester a :
>
> - Développé un partenariat pour l'emploi et les compétences afin d'améliorer la connaissance du marché du travail local et de définir les priorités et les résultats souhaités en termes de développement économique.
> - Réuni les employeurs, les universités et les institutions de formation afin de mettre en place une académie des sciences proposant des programmes de formation à destination des 11-18 ans, créant ainsi un lien entre la main d'œuvre future et les atouts actuels de la région dans le domaine des sciences et technologie.
> - Créé un centre urbain d'apprentissage et de compétences permettant de diriger les fonds publics pour l'apprentissage et le développement des compétences vers les employeurs, notamment les PME. Ceci donne aux PME plus de responsabilités au sein du système de développement des compétences et permet ainsi d'accroître l'engagement des employeurs et l'investissement privé dans ce domaine.
> - Investi 4 millions de livres sterling pour inciter les PME à recruter en tant qu'apprenti des personnes à la recherche d'un emploi ainsi que des jeunes n'étant ni en emploi ni en formation.
>
> **La création du statut de métropole en France**
>
> En 2014, la France s'est dotée d'une loi d'« affirmation des métropoles », créant des métropoles de droit commun, au nombre de 10 initialement, ainsi que 3 métropoles à statut particulier à Paris, Lyon et Aix-Marseille. Ces nouvelles formes d'intercommunalités exercent des compétences de plein droit (dans les champs du développement économique, de l'aménagement et de l'habitat notamment), auquel s'ajoutent des compétences « à la carte » définies par les décideurs locaux sur chaque territoire métropolitain. Les métropoles peuvent également passer des conventions avec les autres échelons territoriaux (conseil général et conseil régional) afin d'exercer des compétences qui leur étaient précédemment attribuées. Elles ont ainsi la possibilité de jouer un rôle accru dans des domaines tels que la formation professionnelle, l'enseignement secondaire et supérieur, et le soutien à l'innovation.
>
> Dans ce contexte, la métropole du Grand Lyon fait figure de cas particulier dans la mesure où la loi de 2014 prévoit le transfert de l'ensemble des compétences du conseil général du Rhône à la métropole dans le périmètre de celle-ci, ce qui inclut les politiques sociales, d'insertion et d'aide aux jeunes en difficulté. Le Grand Lyon s'est saisi de cette opportunité pour rapprocher les politiques d'insertion et de développement économique dont elle a désormais la charge en construisant un programme métropolitain d'insertion pour l'emploi (2016-2020) au terme d'une démarche de concertation avec 250 partenaires locaux.
>
> *Source* : OCDE (2015a), *Création d'emplois et développement économique local* (Version abrégée), Éditions OCDE, Paris, http://dx.doi.org/10.1787/9789264230477-fr.

1.3. Degré d'utilisation de données locales à des fins de formulation de politiques aux résultats mesurables

Le recours à des données locales est poussé dans le cas montréalais, particulièrement du côté de l'emploi et de la formation, où elles sont plus nombreuses, plus fréquentes, mais également plus désagrégées que les données sur les entreprises. La direction régionale d'Emploi-Québec de Montréal dispose de données détaillées sur le recensement. Ces données portent sur un grand nombre de variables socio-économiques, et elles permettent des analyses fines et l'identification de problématiques spécifiques au territoire montréalais, et ce pour chacun des 17 CLE qui desservent des clientèles individuelles, et pour les deux centres qui se spécialisent dans les services aux entreprises. D'autres sources d'enquête sont aussi à la disposition des autorités locales et elles sont systématiquement mises à profit dans les exercices d'analyse et dans la formulation de politiques et d'orientations qui en découle.

Par exemple, la direction régionale de Montréal d'Emploi-Québec mène une enquête sur les besoins de formation et de main-d'œuvre dans les établissements de l'île de Montréal comptant cinq employés et plus. L'étude aborde des thèmes tels que les embauches au cours des douze derniers mois, les difficultés de recrutement, les besoins de formation, les embauches prévues au cours des douze prochains mois, l'immigration et les ressources humaines. La dernière enquête date toutefois de 2012. Ces dernières données servent abondamment dans les décisions des agents et des clients en matière de formation ou de recherche d'emploi, et elles permettent aux conseillers auprès des entreprises de mieux cerner les entreprises, les secteurs et les problématiques pour lesquelles un appui des services publics peut faire une réelle différence.

Des données administratives nombreuses et détaillées existent également quant aux clientèles. Les données de participation et de résultats de cette participation sont évaluées, et elles mènent le cas échéant à des ajustements d'approche ou de ciblage de clientèles. Par ailleurs, Emploi-Québec obtient des données du site internet Placement en ligne ou du site IMT en ligne à propos des caractéristiques des entreprises ou des individus qui les utilisent. Un répertoire des entreprises du territoire est également tenu à jour, grâce à un effort partagé de ministères et d'organismes publics, et ce répertoire est accessible aux chercheurs d'emploi comme aux agents des CLE.

Les données disponibles sur les PME sont en revanche essentiellement des données de base qui ne sont pas systématiquement mises à jour par les agences statistiques comme le sont les données de l'emploi et du marché du travail. Cela tient en bonne partie à la difficulté d'assurer le suivi d'une population, celle des PME, qui change constamment, à cause de taux de création et de mortalité élevés et de changements de statut et de taille. De leur côté, les agences statistiques officielles ont des programmes limités des données métropolitaines. Dans la mesure où elles existent et qu'elles sont fiables, les données locales sont donc systématiquement utilisées et mises à profit. Cela est vrai pour les organismes fédéraux, provinciaux, régionaux ou municipaux.

Le partenariat, la concertation, la consultation et la collaboration de différents acteurs dans des instances communes comme le CEM constituent des approches privilégiées de connaissance des besoins, qui s'ajoutent aux données statistiques. Le CEM est un organisme important par son mandat, mais également par sa composition. Il rassemble des décideurs institutionnels de premier plan tels que la Chambre de commerce du Montréal métropolitain, ainsi que celle de la rive-Sud ; Montréal International dont la mission est d'attirer les investissement étrangers, les travailleurs étrangers et le organisations internationales à Montréal ; la grappe aérospatiale et celle des technologies numériques ; un représentant universitaire et un autre du regroupement des cégeps du territoire ; les conseils régionaux métropolitains des deux grandes centrales syndicales ; la CMM ; et le Service de développement économique de la Ville de Montréal. Ce membership assure une forte représentativité des acteurs métropolitains, une qualité d'analyse et d'avis élevée, et une écoute attentive des autorités politiques et administratives.

L'enjeu de données locales de qualité, pertinentes et à jour, a toutefois été identifié par le rapport final du Comité consultatif sur l'information sur le marché du travail au Canada (2009). Le comité suggérait notamment que Statistique Canada procède à des développements et à des investissements importants en la matière. Les orientations budgétaires et politiques du gouvernement fédéral précédent ont plutôt conduit à des diminutions importantes de fonds et à la disparation ou à la réduction (temporaires) de la portée de certaines enquêtes, mais cette situation a été corrigée par le gouvernement Trudeau. Un investissement continue et plus large dans les enquêtes et l'information, et ce à tous les niveaux, est hautement souhaitable pour Montréal.

L'enjeu des données locales a également été relevé dans le cadre du projet « Je vois Montréal » et « Je fais Montréal » (voir encadré 17). Un indice du développement local est en cours d'élaboration pour mieux saisir l'ensemble des dimensions du développement local au-delà de la croissance économique.

Thème 2. La création d'une économie locale productive – Ajouter de la valeur grâce aux compétences et éviter le piège de l'équilibre à faible niveau de compétences

Le premier chapitre de ce rapport a mis en évidence le retard de Montréal du point de vue de l'offre et de la demande de compétences, qui se traduit notamment par un faible niveau de productivité des travailleurs en comparaison avec d'autres métropoles de l'OCDE. Ce thème a pour but d'évaluer les forces et les faiblesses des politiques publiques locales en matière de soutien à la création d'une économie locale productive par la formation de la main d'œuvre, l'engagement des employeurs dans l'élaboration des politiques de développement des compétences, et l'appui aux PME.

Graphique 3.3. **La création d'une économie productive grâce aux compétences**

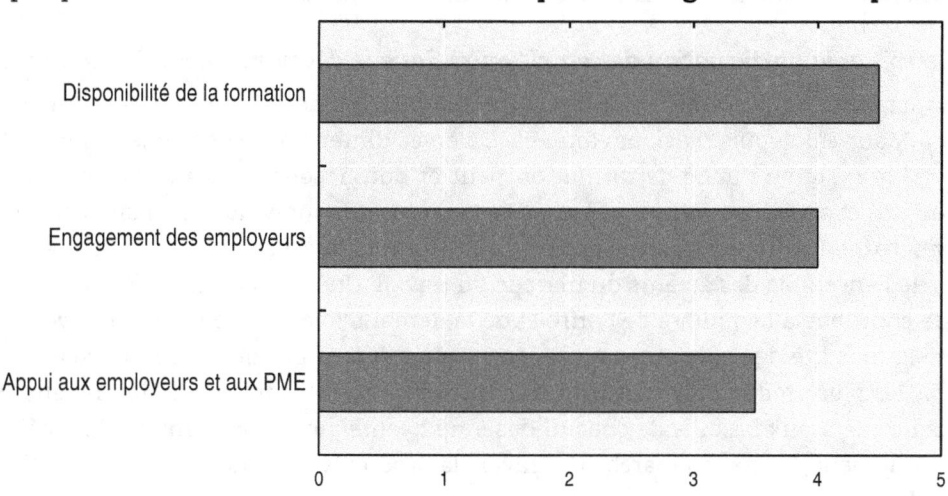

2.1. Une offre de formation large et ouverte à tous

Un large éventail de cours de formation est disponible à Montréal. Emploi-Québec offre aux personnes sans emploi qui désirent accéder au marché du travail la possibilité de suivre, à certaines conditions, une formation à temps plein dans des domaines d'études variés. Plus de 75 programmes sont ainsi offerts en 2015-16. Ces formations sont sélectionnées à partir d'une analyse des besoins du marché du travail montréalais, en complément de l'offre régulière des établissements d'enseignement qui est accessible à toute personne intéressée. Ces formations mènent principalement à des sanctions de type AFP ou AEC, suite à des sessions variant entre 300 heures et 1 500 heures. Ce sont surtout les commissions scolaires, via leur réseau d'écoles secondaires, et les cégeps de l'île de Montréal qui sont appelés à livrer ces formations. Un répertoire annuel des formations financées par Emploi-Québec est disponible en ligne et il permet de s'en informer.

En tant que ville de grande taille possédant une infrastructure d'éducation et de formation très développée à tous les niveaux d'enseignement (plus de deux cents établissements de niveau secondaire relevant des quatre commissions scolaires de l'île, 12 cégeps et 4 universités, en plus d'établissements privés de formation générale, professionnelle ou technique), et un bassin considérable de personnes en formation, désireuses de se former ou de parfaire leurs compétences, Montréal jouit d'un avantage indéniable à ce chapitre par rapport à d'autres territoires moins densément peuplés ailleurs au Québec ou au Canada.

La formation subventionnée pour les chômeurs et les travailleurs, la formation de base, l'alphabétisation, la francisation, l'anglais langue seconde, la formation modulaire ou la formation après les heures de travail sont largement accessibles. Des aides financières d'Emploi-Québec peuvent également être proposées à certaines conditions. Il arrive parfois que certaines formations ne puissent pas se donner à cause d'un nombre insuffisant d'inscriptions. Le calendrier de formation et les délais avant le début d'une formation peuvent aussi constituer des obstacles à l'accès. Enfin, des contraintes financières empêchent certaines personnes non admissibles au soutien du revenu fédéral ou provincial d'avoir accès aux formations à temps plein. Ce problème n'est pas exclusivement montréalais, comme l'ont montré diverses études, dont celles du Centre Mowat (2013), qui plaide pour un dispositif pan canadien de prêts et bourses aux adultes en formation professionnelle visant à combler les lacunes dans ce domaine.

2.2. Le rôle et la participation des employeurs dans le développement des compétences

La capacité de la formation à répondre aux besoins des employeurs est un sujet de débat à Montréal depuis plusieurs années. Diverses dimensions sont en jeu, dont celle de savoir si le système public de formation peut et doit accéder à des demandes souvent ponctuelles et spécifiques exprimées par des employeurs individuels, ou si au contraire il doit viser une formation professionnelle qui réponde aux besoins à la fois présents et futurs de l'ensemble des acteurs du marché du travail. Une formation professionnelle plus globale contribue à l'équilibre de l'offre et de la demande de compétences au niveau local, facilite la mobilité des personnes entre les emplois et leur permet de se déplacer vers les emplois les plus productifs, et donc les mieux rémunérés. Une telle mobilité ne répond pas nécessairement aux besoins de chacun des employeurs particuliers, mais elle améliore le fonctionnement général du marché du travail, la productivité, et donc la rémunération des travailleurs.

Des progrès peuvent et doivent être réalisés du côté de l'adéquation de la formation aux besoins du marché du travail, mais il n'y a pas de consensus sur la nature de ceux-ci, ainsi que sur un indicateur univoque de réussite. Plusieurs initiatives vont toutefois dans cette direction, comme le développement d'écoles professionnelles ou techniques dédiées. Dans son discours du budget 2015-16, le gouvernement du Québec annonçait de nouvelles mesures et une injection supplémentaire de ressources afin d'améliorer l'adéquation entre la formation et l'emploi, par exemple par l'extension de la formule d'apprentissage et la bonification du crédit d'impôt qui l'accompagne.

Bien que les études et enquêtes sur la question de l'effort de formation financé par les employeurs ne soient pas aussi riches d'information qu'on pourrait le souhaiter, le constat du faible effort des employeurs s'est répété au cours des années dans diverses enquêtes aux méthodologies variées[1]. Force est de constater que la loi qui mandate les entreprises ayant une masse salariale de 2 millions CAD ou plus à consacrer au moins 1 % de celles-ci à des dépenses de formation reconnues n'a pas permis de changer la situation de manière significative. Divers facteurs ont été avancés pour expliquer cet état de fait, dont la proportion importante de PME sur le territoire montréalais, la composition industrielle davantage orientée vers des industries traditionnelles, la plus faible scolarisation des travailleurs, ou encore la faiblesse de l'investissement privé en machinerie et en équipement qui déclenche souvent le besoin d'un investissement en formation dans sa foulée. Les indications partielles disponibles montrent que l'effort des PME se situe à un niveau inférieur à 0.5 % de la masse salariale (du moins l'effort en formation structurée et mesurable) et à plus de 1 %, chez les grandes entreprises. Dans le cas de ces dernières, l'effort peut être nettement plus élevé dans certains secteurs de pointe fortement concurrentiels et mondialisés.

Un soutien public est consenti aux associations d'employeurs et aux grandes entreprises qui acceptent de soutenir le développement des compétences au sein des PME. Ainsi, la Commission des partenaires du marché du travail (CPMT) finance les activités de 29 comités sectoriels dont le rôle est de définir les besoins en développement de la main-d'œuvre de leur secteur d'activité économique et de soutenir le développement des compétences au moyen d'outils tels que des normes de compétences et des programmes d'apprentissage. La CPMT, dont de grandes associations patronales sont membres, encourage également la formation grâce à l'initiative *Investissement-compétences* qui vise à mobiliser et à motiver les entreprises et les travailleurs pour établir une stratégie cohérente d'investissement dans les compétences de la main-d'œuvre, et à favoriser une culture de la formation continue dans les milieux de travail.

Les grandes entreprises de secteurs fortement intégrés et de haute technologie, tel l'aérospatiale, encouragent, et même exigent que leurs fournisseurs et sous-traitants investissent dans la formation. L'objectif de formation continue des travailleurs, principalement des moins qualifiés, ne se traduit néanmoins pas de manière évidente dans la pratique de toutes les entreprises. Des programmes et des initiatives spécifiques sont pourtant en place dans le but d'accroître la formation en milieu de travail. Ainsi la direction régionale de Montréal d'Emploi-Québec fournit des services à plus de 2 300 entreprises annuellement. Il y a cependant plus de 100 000 entreprises sur le territoire métropolitain, la très grande majorité étant des PME. La formation soutenue par la direction régionale peut prendre différentes formes, dont la formation en milieu de travail ou en institution, ou encore la formule mixte de l'apprentissage.

> **Encadré 7. La formation en aérospatiale**
>
> La région métropolitaine de Montréal est le troisième territoire au monde pour le nombre de travailleurs dans cette industrie, après Seattle et Toulouse. Au fil des années, la région métropolitaine s'est dotée d'institutions d'accompagnement de pointe, notamment le Comité d'adaptation de la main-d'œuvre de l'aéronautique du Québec (CAMAQ), dont le mandat est axé sur l'identification des besoins de personnel et de compétences de l'industrie, sur les recommandations aux autorités de formation et sur le soutien aux entreprises par le développement d'outils de gestion et de développement des compétences de leur personnel. La grappe montréalaise Aéro Montréal regroupe de son côté les principales entreprises et dirigeants dans une perspective stratégique de développement de l'industrie.
>
> L'aérospatiale montréalaise compte de plus sur deux établissements publics d'enseignement qui lui sont dédiés : l'école des métiers de l'aérospatiale de Montréal, qui offre un large éventail de programmes de formation professionnelle à la fin des études secondaires, et l'école nationale d'aérotechnique, qui dispense de son côté un enseignement technique dans plusieurs spécialisations. Enfin, les universités montréalaises offrent également des programmes de génie orientés vers l'aérospatiale.
>
> Les programmes sont conçus et développés en étroite collaboration avec l'industrie qui soutient également les institutions, notamment en leur fournissant des équipements de formation à la fine pointe de la technologie.

De leur côté, les commissions scolaires, les cégeps et universités mettent en contact les diplômés et les employeurs locaux, notamment au moyen de services de placement en établissement ou de foires de l'emploi. Ces efforts sont particulièrement importants là où la formation est en lien direct avec les secteurs économiques dominants au plan local à Montréal, dont les TIC, l'aéronautique, l'ingénierie, le cinéma et la télévision, ou encore la finance.

Outre ces efforts ciblés des institutions d'enseignement en matière d'appariement de l'offre et de la demande de compétences, Emploi-Québec opère un service de placement et d'information sur le marché du travail, *IMT en ligne*. Environ 550 000 offres d'emploi, ventilées par profession et par région, sont ainsi affichées chaque année. Le gouvernement canadien opère quant à lui un *Guichet Emploi* en ligne qui annonce en moyenne plus de 100 000 postes à combler à tout moment partout au Canada. Bien que toutes les professions puissent être affichées sur ces sites, la majorité porte sur des postes de moyenne ou de faible qualification, les recrutements pour des postes plus qualifiés se faisant généralement par d'autres biais. Bien souvent, les employeurs qui embauchent des travailleurs hautement qualifiés ont recours à leur propre site d'entreprise ou à des sites privés spécialisés. Dans le cas de Montréal, une information très détaillée des postes disponibles par arrondissement municipal et par profession est accessible. Près de 150 000 postes à combler sont ainsi affichés chaque année pour le territoire montréalais sur le site *Placement en ligne*. Il convient malgré tout de noter que des institutions publiques comme les CEGEP ou les établissements de santé n'affichent pas leurs postes sur ce site. Or, ces seuls domaines de la santé et de l'enseignement emploient plus de 10 % des travailleurs montréalais.

2.3. Utilisation des compétences, organisation du travail, gestion des ressources humaines : quel soutien pour les PME montréalaises ?

Deux centres spécialisés de la direction régionale de Montréal d'Emploi-Québec ont pour but de soutenir et d'encourager une meilleure utilisation des compétences de la part des employeurs, et ce de diverses manières. Ainsi la mesure *Concertation pour l'emploi* offre différentes aides dont :

- Le diagnostic d'entreprise en matière de ressources humaines ;
- L'accompagnement de gestion (coaching) ;
- La mise sur pied d'un comité de concertation au sein de l'entreprise afin que celle-ci puisse s'adapter à des changements majeurs pouvant mettre en péril des emplois, ce comité analyse les difficultés, propose des solutions et voit à l'application d'un plan d'action et à son suivi.
- Le soutien à la gestion de ressources humaines par un spécialiste afin notamment d'améliorer les façons de faire en matière de recrutement, de développement des compétences, de rétention ou d'évaluation du rendement
- La mise en place d'un service des ressources humaines.

L'effort en matière de développement des compétences déborde donc la seule perspective de la formation pour englober l'ensemble des enjeux afférents au développement et à la pleine utilisation des compétences. Les ressources humaines dédiées à ces tâches sont toutefois limitées, et le recours à des ressources externes spécialisées pour la prestation de services est généralisé.

La direction régionale de Montréal du ministère de l'Économie, de la Science et de l'Innovation (MESI) offre également des conseils et des outils aux employeurs en matière de gestion des ressources humaines. Le soutien des services publics est principalement destiné à des petites entreprises. Des adaptations ponctuelles de programmes sont faites, et un réseau de courtiers (intermédiaires) contribue à l'engagement des PME au développement des compétences et des connaissances. Ce réseau comprend les comités sectoriels de main-d'œuvre, des mutuelles de formation, ainsi qu'un réseau développé de consultants privés, dont plusieurs sont rémunérés à partir des aides publiques offertes aux PME.

L'approche sectorielle est assez développée à Montréal, où la majorité des 29 comités sectoriels québécois opèrent. Ceux-ci ont toutefois un impact variable auprès des entreprises et des travailleurs visés. Ils œuvrent à établir des profils de compétences, à estimer les besoins de main-d'œuvre et de formation et à fournir des outils aux employeurs. En règle générale, les comités sectoriels ont un impact plus limité sur les populations visées par leurs actions dans des secteurs plus traditionnels caractérisés par un grand nombre de petites entreprises et un faible niveau de qualification des travailleurs. L'encadré 8 présente les facteurs de succès d'une initiative sectorielle dans l'industrie de la restauration à Boston (États-Unis). En Flandres, c'est au travers de « laboratoires d'expérimentation » que des organisations du travail innovantes ont pu être mises en place dans différents secteurs d'activité (encadré 9).

> **Encadré 8. Exemple d'initiative favorisant le développement et l'utilisation des compétences des employés à Boston, États-Unis**
>
> Au cours de la dernière décennie, les initiatives sectorielles et les stratégies de soutien la mobilité professionnelle ont dominé les politiques dans le domaine du développement des compétences aux États-Unis. Les initiatives sectorielles reposent sur l'idée que pour réduire l'écart entre l'offre et la demande de compétences et fournir plus d'opportunités aux travailleurs précaires, ces derniers doivent être formés à des métiers en demande, rémunérateurs et offrant des possibilités d'avancement. Ces initiatives profitent à la fois aux employés et aux employeurs, ces derniers bénéficiant de gains de productivité et d'un taux de renouvellement du personnel plus faible.
>
> L'industrie de la restauration est l'un des secteurs connaissant la plus forte croissance aux États-Unis. Si elle compte pour plus de 8 % de l'emploi total, cette industrie est caractérisée par une proportion particulièrement importante de travailleurs ayant une rémunération égale ou inférieure au salaire minimum (près de 39 % de la main d'œuvre). Les individus occupant des emplois liés à la préparation de la nourriture et au service avaient un salaire horaire médian de 9.02 USD (en incluant les pourboires) en 2010, ce qui se situe en dessous du seuil de pauvreté pour un travailleur à temps-plein dont le ménage comprend deux enfants.
>
> Paris Creperie, situé à Brookline, dans la banlieue de Boston (Massachusetts), est un café-restaurant proposant entre autres d'authentiques crêpes traditionnelles françaises dans un environnement typique des cafés européens. L'établissement dispose également d'un restaurant ambulant, d'une plateforme de réservation en ligne et d'une offre de type traiteur à destination de clients professionnels ou pour des évènements dans la métropole de Boston. Paris Creperie a récemment mis en place, avec le soutien de l'entreprise de conseil Delta Foodservices, une méthode d'organisation du travail de type « livres ouverts » (« Open Book Solutions ») à destination de l'ensemble de ses employés. Cette méthode implique la formation du personnel aux principes de la comptabilité et de la gestion en leur enseignant notamment comment interpréter les rapports comptables et financiers de l'entreprise. L'aptitude des employés à résoudre des problèmes et les compétences entrepreneuriales sont également développées. Enfin, la possibilité est donnée aux employés de prendre des initiatives afin de réduire les coûts et de proposer des nouvelles opportunités d'affaires, ceci permettant d'assurer à la fois une meilleure productivité et un plus faible taux de renouvellement du personnel grâce à une plus grande implication des salariés. Les modules de formation ont été pensés pour se renforcer mutuellement et comprenaient des cas pratiques afin de favoriser les processus d'apprentissage et l'application concrète aux réalités de l'activité de Paris Creperie. Cette nouvelle organisation au sein de l'entreprise a permis aux employés de développer leurs compétences dans différents domaines : mise en place et à suivi d'un budget personnel ; amélioration des connaissances personnelles en matière financière (y compris la capacité de compréhension et d'interprétation des données financières et des documents comptables de l'entreprise) ; mesure du progrès ; résolution de problèmes, ce qui inclut l'identification des défis et opportunités pour l'entreprise ; prise d'initiative afin de saisir des nouvelles opportunités d'affaires et de réduire les inefficiences. Enfin, un module de formation sur le leadership a été mis en place dans le but renforcer les capacités en matière de gestion du personnel, des compétences et de la performance.
>
> Une année après la mise en place de cette nouvelle forme d'organisation du travail, le projet a été considéré comme un véritable succès par l'ensemble du personnel. Après avoir réussi à surmonter le scepticisme initial, des résultats concrets ont été obtenus à la fois en termes de plus grande profitabilité, de meilleure rémunération pour les employés au travers du versement de primes substantielles, et de réduction du taux de renouvellement du personnel.
>
> Source : OCDE (2016, à paraître), *Moving employers to more productive jobs*, Éditions OCDE, Paris.

> **Encadré 9. Tester des formes d'organisation du travail innovantes grâce à des « laboratoires d'expérimentation » en Flandres**
>
> Au Limbourg, des « laboratoires d'expérimentation d'organisations du travail innovantes » ont été mis en place avec des employeurs dans le cadre d'un programme plus large devant permettre d'apporter des solutions aux problèmes liés à la transition démographique et au vieillissement de la population. Le syndicat ACV a joué un rôle important dans l'élaboration et la mise en place pratique de cette initiative. Initialement établis dans différents secteurs d'activités (construction, logistique, santé, économie sociale, services sociaux et agriculture notamment), les laboratoires d'expérimentation se sont affranchis des contraintes sectorielles pour privilégier une approche thématique et encourager les échanges entre une plus grande diversité de firmes. Les laboratoires peuvent prendre en charge aussi bien des PME que des entreprises de plus grande taille.
>
> En 2014, 8 ateliers, incluant chacun entre 6 et 8 entreprises, se sont déroulés. Un consultant a été sollicité pour travailler à la réalisation des ateliers, ces derniers fonctionnant comme des réseaux de partage de connaissance entre entreprises. Les cadres d'entreprise y sont encouragés à réfléchir à différentes manières de faire évoluer les pratiques managériales pour assurer une implication plus importante des employés aux diverses activités de l'entreprise. Chaque laboratoire couvre sept thèmes correspondant à différents aspects pouvant faire l'objet d'évolution en matière d'organisation du travail. Par exemple, un des thèmes se rapportait aux moyens par lesquels les entreprises peuvent investir de nouveaux marchés afin d'améliorer la performance de l'organisation ainsi que la qualité des emplois. Des exercices pratiques sont également proposés afin que les participants soient en mesure de traduire les éléments théoriques en évolutions concrètes au sein de leur organisation.
>
> Source : OCDE (2015b), *Employment and Skills Strategies in Flanders*, Belgium, *OECD Reviews on Local Job Creation*, Éditions OCDE, Paris, http://dx.doi.org/10.1787/9789264228740-en.

Thème 3. Soutenir l'entrepreneuriat, l'innovation et le développement économique

Graphique 3.4. **Entrepreneuriat, développement économique et innovation**

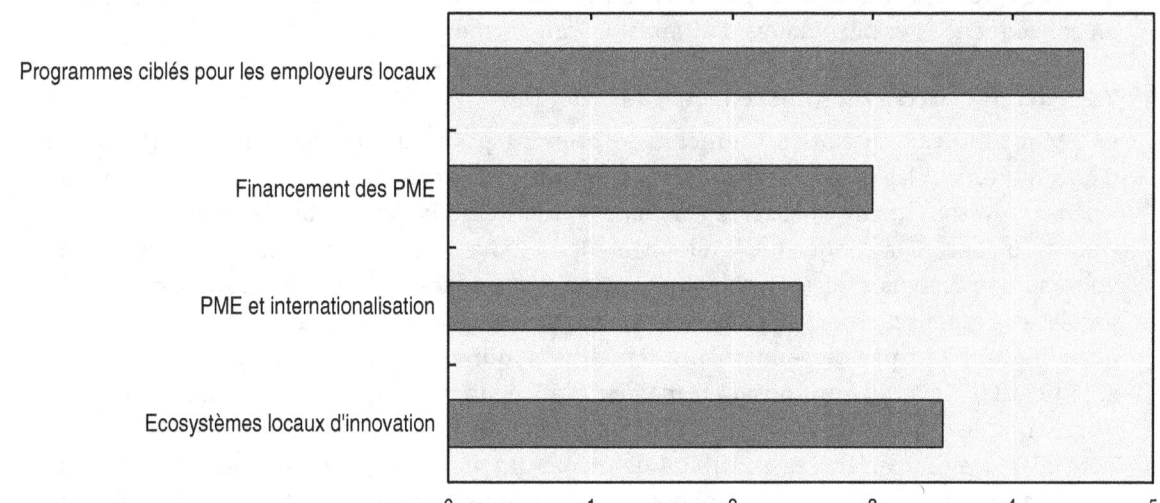

3.1. Répondre aux besoins spécifiques des PME par l'adaptation des programmes et des services

Bien que la plupart des programmes de soutien au développement local et que le gros de leurs budgets proviennent des gouvernements du Québec ou du Canada, la municipalité de Montréal en conçoit et en administre également certains. La Ville consacre environ 100 millions CAD par année à des programmes de développement économique, soit approximativement 2 % de son budget total. Sans être systématiquement destinés aux PME, les programmes ou les mesures fiscales des trois paliers d'administration leur sont souvent réservés.

Suite à l'abolition par le gouvernement du Québec, à l'automne 2014, des Centres locaux de développement, la Ville de Montréal a procédé à une réorganisation du modèle de soutien public au développement économique local. Elle a alors créé, en avril 2015, PME MTL, un réseau d'organisations à but non lucratif présentes sur l'ensemble du territoire de l'île de Montréal et dont le rôle est de soutenir le démarrage et la croissance des PME montréalaises. PME MTL offre un ensemble de services professionnels, comme des conseils en gestion ou l'octroi de financement, accessibles aux entrepreneurs privés et d'économie sociale, et travaille en collaboration avec un réseau de partenaires. La majorité des services offerts par le réseau PME MTL sont gratuits.

La Ville de Montréal a également lancé l'initiative *Parcours Innovation PME Montréal*. Soutenu par le gouvernement du Québec et recevant l'appui de plusieurs partenaires privés et publics, ce projet pilote vise à offrir à des PME situées sur l'île de Montréal une démarche d'accompagnement structurée afin de stimuler leur croissance et d'accéder à des marchés internationaux. Les moyens modestes dont dispose la Ville dans ce domaine limitent néanmoins la portée de cette initiative. Ainsi, seules 30 PME par années peuvent bénéficier de ce projet pilote à ce jour.

Des cours sur les compétences entrepreneuriales sont donnés dans des établissements d'éducation et de formation de différents niveaux. Ces cours sont mis en place principalement sur une base ponctuelle dans les écoles secondaires. Les cégeps et les universités en offrent également, mais la connaissance et la fréquentation de ces cours ne sont pas développées. Le coaching de PME par de grandes entreprises est peu répandu, sauf dans certaines industries où la structure industrielle est favorable, c'est-à-dire là où quelques grandes entreprises agissent comme leaders et donneurs d'ordre et recherchent en conséquence des partenaires d'affaires de long terme.

3.2. Faciliter l'accès au financement pour les PME

Montréal est un centre financier de premier plan. Elle compte des institutions d'envergure, dont les principales banques canadiennes, la Caisse de dépôt et de placement du Québec, Investissement Québec, le Fonds de solidarité de la Fédération des travailleurs du Québec, ou encore la Banque de développement du Canada. Le capital de risque demeure un volet où des besoins sont à combler. Les petites entreprises en opération depuis quelques années et désireuses de développer leurs activités ont souvent un besoin urgent de capitaux qui n'escomptent pas de rendements immédiats, qui sont prêts à assumer des risques significatifs, mais qui sont aussi en mesure d'offrir un accompagnement rapproché aux dirigeants de ces entreprises. Au cours des dernières années, un nombre important de nouvelles firmes spécialisées en capital de risque ont vu le jour, particulièrement dans les secteurs des technologies de l'information et des communications (TIC) et des technologiques propres ou vertes.

Le capital de risque apporte un soutien financier, mais il peut également, selon le degré de maturité de cette industrie, assurer un accompagnement pour les jeunes entrepreneurs dont les idées méritent un soutien expert dans des aspects où l'entrepreneur souffre de lacunes ou à besoin de conseil, de mentorat, de partage d'expérience, que ce soit en matière de ressources humaines, de marketing, de connaissance légale et réglementaire, d'assurances, ou d'autres questions connexes au projet d'entreprise proprement dit.

Les aides et les programmes publics au démarrage de PME, et encore davantage au prédémarrage, dont les subventions ou les garanties de crédit, sont d'une ampleur limitée et ne sont pas facilement accessibles, même si elles apparaissent nombreuses quand on en fait le décompte. Cette situation de faible financement est peu à même de changer à court terme, compte tenu des objectifs de finances publiques poursuivis tant au niveau provincial que fédéral. Du côté municipal, les ressources disponibles sont aussi très limitées eu égard aux ambitions poursuivies, et les contraintes légales découlant des diverses lois provinciales restreignent considérablement le soutien que Montréal peut offrir aux entreprises. Ainsi, si PME MTL propose des solutions de financement à certaines PME, principalement sous forme de subventions et de prêts, les montants alloués restent, à ce jour, relativement modestes. Le rôle de conseil et d'accompagnement de PME MTL en matière d'accès aux financements doit néanmoins être souligné, notamment au vu de la complexité des circuits de financement public ou privé et des multiples fonds disponibles (Fonds local d'investissement, Fonds locaux de solidarité, Fonds Jeunes entreprises, etc.). Par ailleurs, une entente a récemment été signée entre PME MTL et le mouvement de coopératives d'épargne et de crédit Desjardins afin de bonifier le financement destiné aux entrepreneurs de 18 à 35 ans en processus de démarrage d'entreprise sur l'île de Montréal.

Les dépenses fiscales constituent un aspect moins visible de l'aide gouvernementale aux entreprises, dont les PME. On entend par dépenses fiscales le fait qu'un gouvernement accepte de se priver de revenus en mettant en place des mécanismes fiscaux, principalement des crédits d'impôt, qui permettent à des entreprises éligibles de réduire leur revenu imposable, ou des remboursements pour certaines dépenses admissibles. Or, ces mécanismes se sont multipliés au cours des années sans qu'on sache avec exactitude s'ils atteignent les objectifs visés. On en dénombre environ 90 au Québec, selon le rapport de la commission d'enquête sur la fiscalité québécoise de 2014. Leur valeur excède nettement les dépenses de programmes. Les entreprises montréalaises bénéficient particulièrement de tels mécanismes, soit fédéraux, soit provinciaux, dont l'intention peut être de favoriser la recherche, le développement et l'innovation, l'exportation, ou la stimulation d'un secteur d'activité jugé stratégique.

À titre d'exemple, il existe des crédits d'impôt relatifs aux salaires dans les industries du multimédia, du Centre financier international, de la Zone de commerce international de Montréal à Mirabel, ou encore pour les activités de recherche et développement. Ces crédits d'impôt bénéficient davantage, toutes proportions gardées, aux entreprises montréalaises, car les industries et les activités visées sont fortement concentrées à Montréal. Il semble que la performance de ces outils d'intervention demande à être examinée de plus près, et que certains choix pourraient être faits à la suite d'un tel examen, afin de cibler plus précisément les aides et les attentes et de concentrer les ressources sur un nombre limité de secteurs ou d'objectifs.

> **Encadré 10. Les lois provinciales restreignant l'action de Montréal en matière d'aide aux entreprises**
>
> Une série de lois provinciales encadrent et limitent l'action de Montréal et des autres municipalités québécoises, notamment en matière d'aide aux entreprises du territoire. Ces lois ont en commun d'interdire à la Ville de subventionner une entreprise, sauf dans quelques rares exceptions. Or, Montréal voit des possibilités intéressantes relatives à des contrats municipaux, à des projets expérimentaux, par exemple en matière de test de technologies de décontamination de terrains vacants ou sous-utilisés, un enjeu crucial pour la mise en valeur de certaines friches industrielles; ou encore à l'utilisation de bâtiments municipaux désaffectés qui pourraient servir d'incubateurs de nouvelles entreprises. Ce sont là quelques exemples d'initiatives que Montréal voudrait être en mesure de mettre en œuvre. Les discussions en cours avec le gouvernement du Québec sur le statut de métropole concernent notamment ces questions. Plutôt que de devoir répondre a priori à de nombreuses exigences et de se conformer à des directives venant de plusieurs ministères ou organismes du gouvernement provincial, Montréal cherche un modus operandi où la transparence des procédures et la reddition de comptes a posteriori constitueraient la nouvelle réalité des rapports avec le gouvernement provincial, l'administration municipale et les citoyens de Montréal.

3.3. Soutenir les PME dans leur développement à l'international

Les principaux obstacles qui se dressent aux entreprises dans ce domaine sont les coûts élevés de l'internationalisation, le manque d'information sur les opportunités des marchés étrangers et les lois et règlements qui régissent ces marchés. La faiblesse actuelle du dollar canadien est depuis peu un facteur favorable, mais elle ne constitue aucunement une condition suffisante à l'internationalisation des PME montréalaises, et encore moins une certitude à long terme.

Un certain nombre de mécanismes d'aides existent pour favoriser le développement des PME québécoises à l'international. Par exemple, un des objectifs du *Parcours Innovation PME Montréal* est d'encourager les PME à développer des stratégies de développement sur les marchés internationaux.

Toutefois, il semble qu'elles ne s'en servent pas à la mesure du potentiel du fait notamment d'une méconnaissance des programmes et des organismes qui les gèrent. Les organismes les plus fréquentés par les PME sont Exportation et Développement Canada (EDC), le MEIE du Québec, la BDC, les Sociétés d'aide au développement des collectivités (SADC) et Industrie Canada, dans cet ordre. Les dirigeants ayant une formation universitaire utilisent le plus ces divers programmes. Certains organismes sont pratiquement inconnus des PME (Niosi et Majlinda, 2011). Par contre, beaucoup d'entreprises utilisent les crédits d'impôt à la R-D. Or, les PME qui font de la R-D sont beaucoup plus susceptibles que les autres d'être aussi des entreprises exportatrices. Les mesures d'accompagnement à l'internationalisation des entreprises devraient se généraliser dans la mesure du possible, et faire partie de tous les programmes. Les agents affectés à la mise en œuvre des divers programmes devraient mieux connaître les autres organismes de support afin de diriger les entreprises vers les programmes qui correspondent le mieux aux besoins lorsqu'ils reçoivent la visite des dirigeants de PME. De plus, les organismes doivent insister sur la nécessité d'innover et de développer des programmes de contrôle de qualité, deux facteurs importants dans l'internationalisation.

> **Encadré 11. Le portail Permis et licences (PerLE)**
>
> Une récrimination fréquente des PME montréalaises concerne les difficultés d'accès aux informations ayant rapport aux obligations à respecter, ainsi qu'aux différentes aides disponibles. Faire le tour des différentes administrations pour y parvenir est un processus long et coûteux. Le portail PerLE constitue une réponse innovatrice où les trois paliers de gouvernement mettent en commun l'information dans un guichet unique virtuel.
>
> Cet outil de recherche répertorie les permis et les licences nécessaires pour exploiter une entreprise dans l'arrondissement central de Montréal. Ces permis sont délivrés par l'un ou l'autre des trois ordres de gouvernement : municipal, provincial et fédéral. Les dix-huit autres arrondissements de Montréal (autres que l'arrondissement central de Ville-Marie) n'ont pas encore déposé l'information les concernant sur ce site.
>
> Le portail PerLE est localisé sur le site de Service Québec qui fournit également une information détaillée sur les programmes d'aide, les lois et règlements fédéraux et provinciaux, de même que sur le support aux entreprises que proposent divers organismes non gouvernementaux. Cependant, l'information concernant l'administration municipale ne s'y trouve pas, ce qui constitue un vide à combler pour que les gens d'affaires aient accès à toute l'information utile et pertinente en matière d'aide et de programmes.

Plusieurs facteurs peuvent expliquer le manque de soutien à l'internationalisation au profit des PME du territoire en dépit de la reconnaissance de l'importance de cet objectif pour la croissance de ces entreprises et pour la prospérité de l'économie québécoise et montréalaise. Au-delà des contraintes budgétaires communes à d'autres domaines, des difficultés pratiques relatives à la mobilisation des petites entreprises sont présentes. Le problème du morcellement et de l'éparpillement des aides dans une multitude d'organismes et de programmes, dont plusieurs disposent de moyens modestes, constitue un obstacle à la pleine utilisation des aides existantes. Bien que le guichet unique virtuel PerLE constitue un progrès indéniable, il ne se substitue pas à un guichet unique physique, ni à un accompagnement personnalisé. Il en constitue plutôt un complément. PerLE ne résout pas non plus le problème de la multiplication, du morcellement et de l'éparpillement des mesures et des ressources.

Le soutien à l'internationalisation des PME peut passer par une présence sur des salons internationaux ou par l'organisation de rencontres d'affaires plus personnalisées (business to business -BtoB). L'initiative « matching » en Italie constitue un exemple intéressant de mise en relation entre entreprises permettant d'encourager la formation de réseaux d'entreprises au niveau local et à l'international (encadré 12).

> **Encadré 12. Rencontres d'affaires sur mesure et efficaces en Italie**
>
> « Matching » est une initiative innovante de mise en relation entre entreprises (BtoB) organisée chaque année par la Compagnia delle Opere (CDO), une association d'entreprises italienne comprenant plus de 34 000 membres, principalement des PME, et recevant le soutien du ministère de l'économie, l'association nationale des Chambres de Commerce, et du gouvernement régional de Lombardie. L'objectif principal de la CDO est d'encourager la création de réseaux d'entreprises, avec une attention particulière portée à l'utilisation des réseaux de contrats et de collaboration entre PME et grandes entreprises.

> **Encadré 12. Rencontres d'affaires sur mesure et efficaces en Italie** *(suite)*
>
> L'initative « Matching » inclut un évènement phrase qui se déroule chaque année pendant trois jours à Milan et rassemble en moyenne plus de 2 000 firmes, institutions et organisations support, générant ainsi plus de 50 000 rencontres BtoB. Au cours de l'évènement national, plus de cent ateliers thématiques sont organisés, avec l'apport d'experts dans de nombreux domaines (export, innovation, etc.). L'évènement a deux principaux facteurs de succès. Il s'appuie tout d'abord sur une plateforme en ligne de mise en relation entre entreprises qui permet aux participants d'organiser un agenda de rencontres en amont de l'évènement. Des conseillers locaux de la CDO encouragent régulièrement les firmes à préparer leur vitrine en ligne, à parcourir la liste des participants et à envoyer des demandes de rendez-vous. Par ailleurs, l'ensemble des conseillers locaux vérifient régulièrement les listes de rendez-vous des participants afin d'accroître l'efficacité de l'évènement et de proposer des suggestions de synergies supplémentaires. Selon une analyse de l'édition 2011, les firmes bénéficient en moyennes de 41 rencontres d'affaires au cours des trois jours, parmi lesquelles 11 étaient jugées intéressantes et 4 ont mené très rapidement à de nouveaux partenariats et échanges commerciaux. L'évènement national est complété par des évènements organisés au niveau local par 40 agences de CDO en région. Ces évènements locaux rassemblent généralement entre 150 et 300 participants et ont pour but de faciliter les interactions en continue entre les participants au cours de l'année. CDO a également commencé à organiser des évènements du même type que « Matching » à l'international (Brésil, Chine, Quatar, Russie et Espagne) en s'appuyant sur un réseau d'agences présentes dans 17 pays, ceci devant permettre de favoriser le développement international des PME membres.
>
> *Source :* OCDE (2014c), « National programmes for SMEs and entrepreneurship in italy », dans OCDE, *Italy: Key Issues and Policies*, Éditions OCDE, Paris, http://dx.doi.org/10.1787/9789264213951-9-en

3.4. Encourager le partage des connaissances par le développement des écosystèmes locaux d'entrepreneuriat et d'innovation

La dimension méso-économique, intermédiaire entre les grands agrégats macro-économiques et les données individuelles ou d'entreprises, a pris de l'importance au plan théorique et analytique depuis quelques années via le concept de système d'innovation (Nelson, 2000). Cette dimension est celle de l'environnement institutionnel, social, urbain, culturel, fiscal et politique plus large qui est considéré comme facteur explicatif des situations observés dans la théorie économique de l'innovation. Il est par ailleurs remarquable de constater que le concept de système d'innovation est très souvent abordée à une échelle régionale, voire métropolitaine, dans nombre d'études et de publications, car les notions de proximité et de densité sont fondamentales dans cette approche (Cooke, 2001).

Les études sur l'entrepreneuriat et l'innovation insistent sur la dimension des écosystèmes locaux ou réseaux d'accompagnement, de partage des connaissances et de co-innovation. Dans le contexte actuel, l'innovation devient de plus en plus ouverte et transversale à différents domaines et institutions de l'activité humaine (Cohendet et al., 2009). La notion de propriété intellectuelle tend à se modifier, étant donné que le partage libre et spontané des idées apparaît de plus en plus comme un gage de succès pour ceux qui s'y adonnent.

Par ailleurs, les économies d'agglomération donnent un avantage crucial aux zones urbaines denses en termes de productivité et d'innovation, en favorisant la circulation des connaissances, la mutualisation des ressources et l'adéquation entre l'offre et la demande sur les marchés des biens, des services et du travail (Puga, 2010). En tant que région métropolitaine comptant plus de 4 millions d'habitants, Montréal possède une masse critique qui permet des économies d'agglomération substantielles dans plusieurs domaines : structure industrielle, approvisionnement, débouchés immédiats, marché du travail, universités et collèges, travailleurs hautement qualifiés, immigrants, instituts de recherche. Or, cette dimension de masse critique concentrée sur un territoire relativement restreint est souvent mise de l'avant comme ingrédient essentiel d'un écosystème d'innovation performant (Knudsen et al., 2008).

Les dynamiques de réseaux et d'interaction entre acteurs de l'innovation sont présentes à Montréal, notamment chez les jeunes entrepreneurs œuvrant dans les technologies de l'information et des communications. Des lieux, des outils et des événements existent qui favorisent les échanges souvent spontanés et exploratoires (voir encadré 13 et 14). L'existence de certains lieux est malheureusement souvent précaire car ils dépendent de politiques publiques changeantes qui ne s'inscrivent pas suffisamment dans une logique de durée. Le financement par projet les oblige par ailleurs à se conformer à des normes ou à des orientations contraignantes, et à se plier à des exercices astreignants et quasi permanents de recherche de fonds de fonctionnement.

Encadré 13. **La Société des arts technologiques (SAT)**

Fondée en 1996, la Société des arts technologiques [SAT] est un organisme à but non lucratif reconnu internationalement pour son rôle actif et précurseur dans le développement de technologies immersives (réalité augmentée par l'utilisation créative des réseaux à très haut débit). Avec sa double mission de centre d'artistes et de centre de recherche, la SAT a été créée pour soutenir une nouvelle génération de créateurs/chercheurs à l'ère du numérique.

Installée sur le boulevard Saint-Laurent à Montréal, à la porte sud du Quartier des spectacles, la SAT est devenue un espace de rendez-vous incontournables et un lieu de tous les possibles, où la « contamination positive », reliant les secteurs artistiques, scientifiques et technologiques, fait de la SAT un partenaire d'innovation à la croisée de ces trois grands piliers économiques.

à la fois moteur et vitrine des tendances en informatique appliquées aux arts et au design, la SAT est un important révélateur de leur portée sociale et économique. En réunissant sous un même toit la recherche, la formation, la création et la diffusion. Ce modèle d'organisation a valu à la SAT d'être invitée comme premier membre nord-américain du réseau des Open Living Labs (ENoLL), une initiative européenne regroupant plus de 200 centres de recherche et d'innovation à travers le monde.

Encadré 14. **Le Festival international du startup de Montréal**

Cet événement annuel créé en 2011 se veut festif et hors norme. Il est axé sur l'entrepreneuriat et les startups, et réunit des personnes venant de très nombreux pays.

Le Festival comprend un volet «classique»: conférences, sessions interactives, formation, réseautage. Le démarrage d'entreprise dans ses différents volets et à différentes étapes y est traité par de jeunes entrepreneurs auxquels les participants peuvent facilement s'identifier et qui sont susceptibles de leur apporter des conseils pratiques relatifs au démarrage et à la gestion de projet.

> **Encadré 14. Le Festival international du startup de Montréal** *(suite)*
>
> S'ajoutent toutefois une foule d'activités connexes susceptibles de favoriser le développement d'idées, le tissage de liens, l'établissement de complicités. Le Festival se tenant au mois de juillet, les participants peuvent en outre profiter des nombreux événements qui animent la ville durant cette période de l'année
>
> L'aspect résolument international de ce festival est d'un grand intérêt, car il ouvre les horizons des entrepreneurs en devenir et il les met en contact avec des personnes dont les expériences sont riches d'enseignement et avec lesquelles ces entrepreneurs en devenir peuvent établir des réseaux durables et élargis.

La volonté de devenir entrepreneur semble dans l'ensemble faible au Québec en comparaison des autres régions canadiennes (BDC, juin 2010). Les défis entourant la croissance d'une entreprise peuvent aussi apparaître comme un fardeau pour bien des entrepreneurs, qui préfèrent se départir de leur entreprise dès lors qu'elle atteint un seuil qui eut exigé une structure managériale complexe, une entrée en bourse ou du capital de risque externe, des fusions, des acquisitions, une orientation exportatrice, toutes choses susceptibles d'entraîner davantage d'innovation et des gains de productivité, mais qui changent aussi profondément le quotidien de l'entrepreneur.

Plusieurs institutions ou lieux intermédiaires à Montréal ont pour but d'encourager l'entreprenariat et d'accompagner les entreprises à différentes étapes de leur croissance (voir encadré 15). Les incubateurs accueillent des projets naissants qui ont pu voir le jour

> **Encadré 15. Exemples d'organismes intervenant en soutien à l'entreprenariat et au développement des entreprises**
>
> **La Fondation Montréal Inc.**
>
> La Fondation Montréal Inc. est un organisme à but non lucratif qui a pour mission de propulser vers le succès une nouvelle génération d'entrepreneurs montréalais prometteurs, de concert avec une communauté d'affaires mobilisée. C'est grâce à la générosité de ses donateurs et de ses bénévoles – des gens d'affaires chevronnés – que la Fondation investit dans le démarrage de nouvelles entreprises à Montréal sous forme de bourses et d'expertise. La mise en réseau des nouveaux entrepreneurs est aussi stimulée au moyen de diverses activités qui peuvent revêtir un caractère formel ou informel. La Fondation est une organisation appuyée par la communauté d'affaires montréalaise et les trois paliers de gouvernement. Le maire de Montréal siège à son conseil d'administration.
>
> La Fondation investit dans la création, l'expansion et le soutien continu d'entreprises prometteuses pour contribuer à l'essor du Montréal de demain. Depuis sa création 1996, la Fondation a octroyé plus de 6.7 millions de dollars CAD en bourses pour aider le démarrage de 853 entreprises à Montréal, lesquelles ont créé près de 2 754 emplois. La Fondation a ainsi contribué à créer des investissements de plus de 61 millions de dollars à Montréal.
>
> **Le Centre d'entreprise et d'innovation de Montréal**
>
> Le Centre d'entreprises et d'innovation de Montréal (CEIM) offre des services de conseil-gestion spécialisés et des services connexes pour le démarrage d'entreprises en technologies de l'information, nouveaux médias, technologies vertes et industrielles; le démarrage d'entreprises en sciences de la vie; le développement d'entreprises en technologies de

> **Encadré 15. Exemples d'organismes intervenant en soutien à l'entreprenariat et au développement des entreprises** *(suite)*
>
> l'information (aide à la commercialisation), et le développement d'entreprises en sciences de la vie
>
> Le CEIM vise à identifier les projets d'entreprises ayant un fort potentiel de rentabilité et de croissance ; leur offrir toute une gamme de services spécialisés, efficaces et abordables répondant à leurs besoins spécifiques; augmenter leurs probabilités de survie et de succès; encourager l'entrepreneuriat et le développement économique québécois.
>
> **Des exemples d'incubateurs: la maison Notman et XPND Capital**
>
> Édifice historique qui a connu divers usages depuis sa construction en 1844, **la maison Notman** est louée depuis 2011 par la firme Real Venture, une société de capital de risque qui fournit non seulement des fonds, mais également un accompagnement et un conseil soutenu pour le bénéfice de ses partenaires de projet. Real Venture a fait de la maison Notman un incubateur d'entreprises de nouvelles technologies. La maison Notman a 23 bureaux privés à louer pour la communauté des jeunes pousses technologiques. En ayant un bureau à la maison Notman, le nouvel entrepreneur vit chaque jour dans un environnement conçu pour soutenir les entrepreneurs appuyés par Real Venture, en travaillant avec une communauté de gens vivant la même réalité, et pouvant partager leurs expériences, leurs questionnements et leurs projets.
>
> **XPND Capital** a pour mission d'encourager l'émergence de la prochaine génération d'entreprises d'envergure au Québec, en contribuant du capital stratégique et en prêtant main-forte aux entrepreneurs en phase de croissance. La firme devient partenaire d'entreprises déjà établies offrant un fort potentiel de croissance et de profitabilité, opérant dans des industries ciblées, et suivant un processus de vérification diligente. Conjointement avec les entreprises dans lesquelles XPNP investit, elle élabore et participe à la mise en place d'une stratégie d'affaires pour accélérer la croissance et maximiser les parts de marché afin de réaliser le plein potentiel de revenu et de rentabilité. XPND agit également comme plate-forme favorisant la fusion, l'acquisition et l'intégration, au bénéfice des entreprises ayant le potentiel de consolider leur marché.

grâce à des aides au prédémarrage qui proviennent habituellement de programmes publics. Des accélérateurs visent la propulsion rapide de petites entreprises prometteuses. Le capital de risque arrive souvent à cette étape ou en aval, lorsque l'entreprise dispose de presque tous les atouts pour devenir un acteur significatif de son domaine, et ce même à l'échelle internationale. Il est important de maintenir et de développer ces institutions d'accompagnement et l'expertise qui y loge.

Les pouvoirs publics sont encore peu adaptés pour soutenir les nouveaux processus d'innovation et privilégient des initiatives s'inscrivant dans un modèle sectoriel traditionnel d'intervention publique visant principalement une aide à une personne ou à une entreprise individuelle. La politique en faveur de l'innovation menée par le gouvernement du Québec s'inscrit dans cette logique. Ce dernier a fait le choix de ne pas se doter d'une stratégie globale de recherche et d'innovation, préférant proposer individuellement aux entreprises des produits financiers pour leurs projets d'investissement dans le cadre du programme « Créativité Québec » lancé en 2014 et doté d'une enveloppe de 150 millions CAD sur trois ans. Par ailleurs, les comités et groupes de travail existants ne produisent pas encore de résultats à la hauteur des espoirs en matière de collaboration entre universités, collèges, industrie et pouvoirs publics. Les attentes de résultats concrets à court terme qui guident fréquemment l'intervention publique s'accordent mal avec la logique de l'interpénétration d'expertises et de domaines divers dont les bénéfices demandent un temps de maturation qui dépasse souvent l'horizon de rendement qui est celui des pouvoirs publics. Nourrir l'innovation exige de la patience et un accompagnement basé sur la confiance et cohérent dans la durée. Or, les virages d'orientation récurrents et les réorganisations fréquentes des dispositifs publics ne sont pas en phase avec ces réalités de l'innovation.

La Ville de Montréal, quant à elle, dispose de moyens modestes en matière de soutien aux dynamiques de développement local, à l'innovation et à l'entrepreneuriat. Si l'approche privilégiée a pendant longtemps été principalement sectorielle, au travers du soutien aux grappes industrielles, la culture de la Ville en la matière tend néanmoins à évoluer. Le maire de Montréal a affiché sa volonté de jouer un rôle de facilitateur dans ce domaine, en créant un environnement favorable à la créativité et aux affaires (Ville de Montréal, 21 janvier 2016). Sous son impulsion, la municipalité a décidé de soutenir des projets tels que le Quartier de l'Innovation (encadré 16) mais également des initiatives relevant d'une logique de développement économique « par le bas », à l'image de « *Je vois/Je fais Montréal* » (encadré 17). Elle a également fait le choix de se tourner vers les entrepreneurs et les PME en proposant des solutions de soutien individualisé à certaines entreprises, au travers notamment du *Parcours Innovation PME Montréal* et de *PME MTL*, avec cependant des moyens relativement limités.

En décembre 2015, la Ville a par ailleurs annoncé son soutien au projet de création d'une école entrepreneuriale privée (encadré 18), première dans son genre à Montréal, au travers d'une contribution financière de 632 000 CAD.

> ### Encadré 16. **Le Quartier de l'innovation de Montréal**
>
> Au 20ième siècle, en bonne partie du fait de l'avènement de l'automobile, les villes se sont développées en séparant spatialement les fonctions urbaines: certains quartiers avaient une vocation exclusivement résidentielle, d'autres industrielle ou commerciale, d'autres encore institutionnelle ou récréative. Ce mode de développement avait comme conséquence de favoriser l'étalement urbain et la faible densité, de multiplier les déplacements et de minimiser les interactions entre personnes évoluant dans des domaines différents, et donc éloignés physiquement les uns des autres. Nombre de villes cherchent maintenant à tourner le dos à ce modèle en densifiant l'occupation du territoire et en axant celle-ci sur la mixité et la verticalité des fonctions autrefois séparées, par exemple en concentrant les activités commerciales au rez-de-chaussée d'édifices qui abritent des bureaux et des logements aux étages supérieurs.
>
> Implanté dans un ancien quartier industriel situé tout près du centre-ville, et dont la revitalisation a débuté en bonne partie suite à l'implantation de l'École de technologie supérieure (ETS), le Quartier de l'innovation (QI) est avant tout un projet d'intégration et d'interconnexions des quatre volets essentiels à une société créative qui forment un écosystème d'innovation de portée mondiale à Montréal:
>
> Le volet urbain concerne le développement durable, les services à la municipalité et aux citoyens, les espaces verts, le respect de l'histoire et du patrimoine, le transport public et la gestion d'infrastructure partagée. Pour bon nombre d'intervenants dans le domaine de l'innovation, le besoin d'investir davantage dans des environnements physiques ou virtuels, des lieux et des événements favorisant les échanges d'idées et de connaissances constitue une priorité encore mal comprise par les autorités publiques qui privilégient des

> ### Encadré 16. **Le Quartier de l'innovation de Montréal** (suite)
>
> instruments plus traditionnels de type conseil, formation ou subvention à une entreprise singulière et non à des formules de mise en réseau.
>
> Le volet formation et recherche : la formation de la prochaine génération de personnel hautement qualifié repose sur la mise à jour constante des programmes, l'arrimage aux besoins de la communauté et l'excellence de la recherche. La multidisciplinarité, la réalisation de stage dans le QI et la mise sur pied de réseaux et de centres d'excellence y sont appuyées et encouragées. Le QI se veut un écosystème basé sur le savoir.
>
> Le volet industriel : le QI contient la plus grande concentration au Canada de travailleurs en TI. Son rôle est de mettre en valeur ces entreprises mais également celles des autres secteurs, d'améliorer la collaboration entre elles et les différents acteurs et de favoriser l'émergence de nouvelles idées tout en accélérant le processus d'innovation. Le QI Montréal constitue un écosystème d'affaires, virtuel et physique, empreint d'un esprit entrepreneurial.
>
> Le QI a enfin un volet social et culturel. La forte présence de créateurs et d'idéateurs au sein du QI permet d'assurer une mixité sociale et fonctionnelle tout en favorisant la rencontre entre arts, culture, technologie et innovation. Il importe de conserver cette mixité et de rendre disponibles aux différents organismes du quartier, les différentes plateformes et expertises des établissements universitaires, dont celles de l'ETS et de l'université McGill, deux institutions de haut savoir particulièrement engagées dans le QI.

> ### Encadré 17. « **Je vois/Je fais Montréal** »
>
> Le 17 novembre 2014, à l'initiative de la Chambre de commerce du Montréal métropolitain, l'évènement « Je vois Montréal » a réuni plus de 1 500 personnes mobilisées pour la relance économique de Montréal. Au terme de la journée, les participants se sont engagés à réaliser 181 projets s'articulant autour de chantiers prioritaires: l'attraction et la rétention de talents, la vigueur des entreprises et la revitalisation du cadre de vie.
>
> « Je vois Montréal » a témoigné d'une nouvelle mobilisation des forces vives de la métropole. L'événement a confirmé le profond attachement des citoyens à leur ville. Un bureau de suivi, « Je fais Montréal », a été mis sur pied par la Ville de Montréal pour accompagner 181 projets dans les différentes étapes de réalisation et pour contribuer à faire les liens et à surmonter les obstacles, dont ceux de nature administrative. Les Montréalais peuvent suivre pas à pas le déroulement de ces projets sur le site Je fais Montréal, et ils peuvent y apporter leur collaboration.
>
> « Je fais Montréal » travaille également à un indice alliant différentes dimensions du développement économique et qui prendrait en compte l'investissement, la satisfaction des usagers et bénéficiaires des programmes, la qualité du réseau d'acteurs et l'innovation sociale. Cet indice serait utilisé non seulement pour l'évaluation des projets mais pourrait également servir aux décideurs en complément d'autres indicateurs de développement économique.

> ### Encadré 18. **La création de l'École entrepreneuriale de Montréal**
>
> En septembre 2016, la première école entrepreneuriale privée à Montréal verra le jour. Cette nouvelle institution de formation offrira des formations dédiées à tout individu souhaitant développer ses compétences entrepreneuriales. Elle se distingue des autres

> **Encadré 18. La création de l'École entrepreneuriale de Montréal** *(suite)*
>
> centres de formation notamment par une volonté affichée d'abaisser les barrières à l'entrée. La clientèle n'aura en effet pas à être inscrite au préalable dans une institution d'enseignement et les frais d'inscription sont minimes, accessibles et admissibles au système de prêts scolaires.
>
> Portée par le Service d'aide aux jeunes entrepreneurs (SAJE) du Québec, organisme possédant une longue expérience dans le soutien aux entrepreneurs, cette initiative bénéficie du soutien financier du gouvernement du Québec et de la Ville de Montréal. Elle permet ainsi de compléter la panoplie de services proposés aux entrepreneurs par PME MTL. En plus de ses locaux situés au centre-ville, l'école ouvrira deux bureaux satellites dans l'ouest et dans l'est de l'île de Montréal. Elle devrait ainsi monter progressivement en puissance pour accueillir 1550 entrepreneurs en 2018-19.

Les grappes montréalaises

Les neuf grappes industrielles montréalaises, également appelées « grappes métropolitaines », regroupent les principaux acteurs, entreprises et institutions jouant un rôle de premier plan dans le développement d'une industrie ou d'un regroupement d'activités connexes (clusters). L'importance du développement de grappes industrielles se caractérise par un degré élevé d'interactions entre les entreprises et les autres acteurs proches, leur permettant collectivement d'appréhender l'évolution des circonstances économiques, de s'y adapter et d'en tirer profit. L'interaction entre les acteurs des grappes favorise l'innovation et l'apprentissage économique. On s'attend à ce que les entreprises qui font partie d'une grappe soient plus efficaces en ce qui concerne l'approvisionnement d'intrants, l'accès à l'information, à la technologie et aux institutions, ou encore la coordination des entreprises de leur secteur.

Les grappes ont chacune leurs spécificités propres, dont une organisation industrielle plus ou moins intégrée, parfois dominée par quelques grandes entreprises, comme l'aérospatiale, ou au contraire caractérisée par la présence massive de PME, comme les technologies de l'information et des communications (TIC), ou encore présentes dans des industries de pointe (les sciences de la vie) ou plus traditionnelles (la mode). Mais elles ont également en commun des volets ou chantiers de travail portant sur des aspects tels le cadre réglementaire ou fiscal, le financement, l'innovation et la commercialisation, la promotion et le rayonnement, ou encore le développement et l'attraction des compétences et des talents. Le volet recherche et innovation se concrétise notamment dans des actions ponctuelles, des collaborations ou des institutions, mais aussi dans des événements mobilisateurs.

Les secrétariats des grappes, soutenus par les acteurs de l'industrie, la Ville de Montréal et la CMM, les gouvernements du Québec et du Canada, animent le milieu à l'aide de divers moyens et outils, dont des événements rassembleurs visant à développer une vision stratégique commune aux partenaires. Par exemple, la grappe de l'aérospatiale tient régulièrement un Forum sur l'innovation aérospatiale.

À l'opposé de la finance et de l'aérospatiale, certaines grappes regroupent surtout des petites entreprises, plus nombreuses mais dont les moyens sont plus limités. Leur capacité de concertation est donc moindre, tandis que leurs besoins sont supérieurs, du moins en regard de certains enjeux.

De nombreux enjeux et défis peuvent être davantage spécifiques selon les grappes, comme la transformation du modèle d'affaires (sciences de la vie), les besoins liés à l'émergence (nouvelles entreprises dans les technologies vertes), la modernisation (mode), la promotion (cinéma et télévision), la croissance et la commercialisation (TIC), la diversification (aluminium), ou encore les infrastructures publiques (transport).

Les grappes diffèrent quant à leur poids relatif dans l'économie montréalaise et leur potentiel de croissance, d'innovation et de création de richesse et d'emploi. Si aucune étude économique quantitative indépendante ne semble avoir abordé ces aspects dans le cas montréalais, certains travaux réalisés notamment aux États-Unis indiquent toutefois que l'existence de grappes ne constitue pas en soi un facteur de succès pour les entreprises qui en font partie (Morgan, 2007). Selon ces études, parmi les conditions devant également être présentes pour que l'organisation en grappes industrielles livre les résultats attendus figure notamment la présence d'une population hautement scolarisée.

Bien que les grappes puissent jouer un rôle significatif à Montréal en termes de développement économique, d'innovation et d'entrepreneuriat, il est important de rappeler que le développement des technologies transversales et des contaminations entre domaines d'activité est crucial pour l'émergence des processus d'innovation. Si les relations entre les acteurs des différentes grappes sont encouragées, la deuxième phase de développement des grappes comprenant notamment un effort de structuration des collaborations entre grappes (également appelé « inter-grappe »), il semble que les collaborations soient toujours limitées à ce jour et que les grappes fonctionnent principalement en silo. Le domaine des TIC est celui qui semble se prêter davantage à des expériences collaboratives avec d'autres secteurs dont la finance. La grappe des TIC est également en discussion avec celle des sciences de la vie sur certains dossiers, dont celui de la médecine individualisée que le « big data » rend envisageable, ainsi qu'avec celle de l'aérospatiale compte tenu du rôle clé que joue l'informatique dans ce secteur. Des idées de collaboration sont également à l'étude dans le projet de développement d'un avion vert où la grappe aérospatiale compte sur la collaboration de celles des technologies vertes.

Les collaborations entre les grappes et Montréal International (MI) demeurent également limitées. Or, de par leurs mandats respectifs, les complémentarités entre grappes et MI devraient être soutenues, afin d'une part d'identifier les besoins et la disponibilité de main-d'œuvre qualifiée, et d'autre part d'attirer des investissements étrangers dans les industries où Montréal dispose d'avantages comparatifs et d'un potentiel de croissance certain.

Les universités et les collèges : enseignement, savoir, recherche, transferts technologiques, collaboration avec les acteurs de l'innovation

Compte tenu du lien entre le niveau de formation de la main d'œuvre et des indicateurs clés tels que le niveau de productivité et de revenu de la population, les établissements d'enseignement supérieur de Montréal jouent un rôle clé dans le développement économique, l'innovation et l'entrepreneuriat, notamment en remplissant leur mission première de formation des personnes. Les données de Statistique Canada issues de l'enquête sur la population active et portant sur les parcours professionnels des diplômés universitaires et collégiaux démontrent le rendement élevé des études avancées, quel que soit le domaine d'études (Finnie et al., 2015).

Les universités montréalaises ont fait des efforts majeurs au cours des années récentes dans différentes directions afin de se rapprocher de la société dans laquelle elles évoluent, ce qui inclut l'activité économique. Ces efforts portent sur la valorisation de la recherche interne, le soutien à la reconnaissance de la propriété intellectuelle et à l'obtention de brevets, des partenariats de recherche avec les gouvernements ou le secteur privé, la présence au sein de plusieurs grappes, la participation à des projets tels le Quartier de l'innovation, ou encore la mise en place d'incubateurs pour leurs étudiants. Les universités offrent par ailleurs des cours d'entrepreneuriat et de gestion dans les divers départements et facultés, ce qui permet à des étudiants en génie, en informatique, en sciences sociales ou d'autres disciplines d'acquérir des connaissances de base en gestion leur permettant de se lancer en affaires en disposant de meilleures chances de réussite dans leurs projets.

Les universités montréalaises et leurs écoles affiliées, dont les Hautes études commerciales (HEC), l'école polytechnique de l'Université de Montréal (Poly), et le Dobson Center for Entrepreneurship de l'université McGill, ont mis sur pied des directions et des services destinés à établir des liens plus étroits avec les entreprises et à stimuler l'entrepreneuriat chez leurs étudiants et enseignants.

> **Encadré 19. Le Centre d'innovation District 3 de l'université Concordia**
>
> Situé dans les locaux de l'université Concordia, District 3 est une communauté entrepreneuriale au cœur du centre-ville de Montréal. Lancé en 2013, cet incubateur d'entreprises réunit des gens qui collaborent, créent et innovent. District 3 offre de l'accompagnement, l'accès à des technologies d'avant-garde ainsi que des occasions d'apprentissage par la pratique. District 3 compte sur des donateurs, des bénévoles, ainsi que des mentors, des accompagnateurs et des étudiants en entrepreneuriat.
>
> La majorité des créateurs de jeunes entreprises en démarrage qui fréquentent District 3 sont de récents diplômés universitaires qui possèdent le temps, l'expérience et le soutien financier nécessaires au lancement d'une nouvelle entreprise. District 3 permet à Concordia d'accentuer son rayonnement au sein de la collectivité, avec une clientèle composée de diplômés de l'Université Concordia et d'autres universités de Montréal.
>
> Les bénévoles de District 3 sont en majorité des étudiants, des professeurs, des membres du personnel ou encore des diplômés. Un don privé majeur sert à financer trois grandes initiatives : l'octroi de fonds de démarrage, destinés à aider les entrepreneurs de District 3 qualifiés de « créateurs » à mettre l'accent sur la conception de prototypes ; l'expansion du laboratoire ouvert Makerspace, assurée par des investissements pour doter District 3 d'outils de développement de produits : capteurs, découpeurs au laser, imprimantes 3D, etc. ; et le renforcement d'activités par l'embauche de nouveaux membres du personnel de District 3 comme des experts-consultants ou des accompagnateurs.

Bien qu'étant en compétition pour l'attraction d'étudiants et d'enseignants ou encore pour l'accès aux financements, les universités montréalaises ont accentué les projets de coopération entre elles ces dernières années. Par exemple, l'école de technologie supérieure (ETS) s'est associée à l'université McGill dans le projet du Quartier de l'innovation (QI) dans lequel la composante économie du savoir (formation et recherche) est majeure. L'université Concordia s'est également jointe à cette initiative à titre de grand partenaire. L'innovation sociale, axée sur l'amélioration de la qualité de vie des citoyens, a aussi donné lieu à des collaborations entre les universités de Montréal, McGill et l'UQAM, par exemple en contribuant à la réhabilitation de certains lieux afin de les rendre plus accessibles à des personnes à mobilité réduite ou souffrant de handicaps physiques majeurs. Le fonctionnement en réseau s'avère de plus en plus populaire et fructueux, en permettant notamment une mutualisation des ressources et des moyens. Il est en outre nécessaire dans un contexte de réduction importante du financement public.

Les universités montréalaises sont aux prises avec deux problèmes principaux : les difficultés liées au financement et le manque de reconnaissance de la contribution de l'enseignement supérieur au développement socio-économique du territoire. Les francophones québécois et montréalais ont été moins scolarisés que leurs concitoyens anglophones pendant plusieurs décennies, ce qui a eu pour effet de limiter l'attrait des formations universitaires pour une grande partie de la population. La philanthropie montréalaise est également moins mature que celle du reste du Canada, ce qui défavorise les universités québécoises et montréalaises. De façon générale, ces dernières demeurent moins bien financées que leurs homologues canadiennes. Par ailleurs, dans le contexte actuel, les universités montréalaises ont besoin de porte-étendards crédibles, convaincants et aptes à faire évoluer la compréhension de la population en général, et des autorités politiques supérieures en particulier, quant à leur apport à la prospérité du territoire de la métropole montréalaise. Ceci est particulièrement évident dans le cas des étudiants étrangers choisissant d'étudier dans l'une des universités montréalaises. Les objectifs de politique publique en matière d'enseignement supérieur se concentrent souvent sur la rétention après leurs études des diplômés des institutions montréalaises. Or, s'il semble souhaitable de poursuivre cet objectif d'amélioration des taux de rétention, il est également important d'adopter une vision plus large de l'apport de l'enseignement supérieur à l'économie locale. Les étudiants étrangers qui choisissent une université montréalaise génèrent des retombées importantes du seul fait de leurs dépenses de subsistance, indépendamment de leurs décisions subséquentes. Par ailleurs, même si ces étudiants décident de quitter la métropole après leurs études, leur contribution au rayonnement et à la prospérité de Montréal peut néanmoins être non négligeable. Les contacts qu'ils conservent avec leurs ex condisciples ou leurs anciens professeurs à Montréal leur permettent d'opérer en réseau avec eux sur des projets, ou encore de les mettre en relation avec d'autres personnes susceptibles de faire des affaires avec des entreprises montréalaises, d'y investir ou de s'y établir. Dans un environnement mondialisé, ces contacts et ces réseaux peuvent également être un atout pour l'économie montréalaise. Plus ils sont nombreux et diversifiés, plus ils sont enclins à apporter leur contribution à la collectivité locale et à son économie. Cette dimension est rarement prise en compte dans l'évaluation des retombés des universités.

La collaboration entre universités et collèges est quasi inexistante à Montréal. Cette situation est paradoxale à plusieurs égards. D'une part, une mission importante des collèges consiste à préparer une majorité de leurs étudiants pour des études universitaires. De ce fait, il serait souhaitable de procéder à un partage d'informations concernant les prérequis aux études universitaires et d'encourager une certaine continuité de l'enseignement entre ces niveaux d'enseignement supérieur. D'autre part, les collèges et les universités emploient un grand nombre d'enseignants qui sont souvent des spécialistes reconnus de leurs domaines respectifs, et ces institutions disposent d'installations et de contacts de recherche qui pourraient être mis en commun dans le cadre de certains projets, pour le bénéfice de toutes les parties concernées. À l'heure actuelle, la compétition domine sur la coopération entre ces niveaux d'enseignement.

L'engagement des universités et des collèges montréalais dans des initiatives telles que le Quartier de l'innovation de Montréal démontrent néanmoins que ces établissements poursuivent leurs efforts de rapprochement avec les acteurs économiques. En outre, des organismes tels que les Centres collégiaux de transfert technologique (CCTT, voir encadré 20)

> **Encadré 20. Les Centres collégiaux de transfert technologique**
>
> Dix centres collégiaux de transfert technologique (CCTT) sont situés sur l'île de Montréal, et plusieurs autres dans le reste de la région métropolitaine. Ces institutions sont les centres de recherche appliquée des cégeps et collèges du Québec.
>
> Les CCTT ont pour mission d'accompagner les entreprises ou les organismes dans l'innovation. Ceci inclut le soutien technique, soit l'accompagnement dans un processus de changement technologique, l'adaptation de solutions technologiques, ou encore le transfert de savoir et de savoir-faire; le développement technologique, soit la conception, la réalisation ou l'amélioration de produits, l'élaboration et la mise à l'essai de procédés ou d'appareils spécialisés, le développement ou l'amélioration de technologies, ou encore le transfert de technologie; et l'information et la formation, soit le développement d'une formation sur mesure, la veille technologique, la recherche d'information, les suivis et les évaluations post-formation, les études de marché et les études de faisabilité, ou encore l'organisation de conférences et de colloques.
>
> Les CCTT de Montréal et des environs regroupent plusieurs centaines d'experts tant chercheurs, ingénieurs ou technologues que spécialistes détenteurs de doctorats, de maîtrises, de baccalauréats ou de techniques spécialisées.

rattachés aux cégeps et collèges Québécois permettent de relayer les activités des institutions publiques de formation et de recherche dans le secteur privé. De nombreuses PME, et plus particulièrement les TPE, ont recours aux CCTT pour leurs besoins en innovation, les solutions proposées étant moins onéreuses que celles des centres universitaires équivalents. Des organismes privés tels que l'institut NEOMED (voir encadré 21) permettent également de faire le lien entre la recherche fondamentale et les acteurs intervenant dans la mise sur le marché de nouveaux produits.

> **Encadré 21. L'institut NEOMED**
>
> L'Institut NÉOMED répond aux changements des modèles d'affaires en R-D dans l'industrie pharmaceutique. Il vise à créer un pont pour combler le fossé qui sépare la recherche fondamentale et la mise sur le marché de nouveaux médicaments.
>
> L'Institut fournit une expertise industrielle en découverte et développement de médicaments ainsi qu'une capacité de financement et un environnement favorable pour transformer les innovations en solution thérapeutiques. NÉOMED conduit les activités de développement jusqu'au stade de preuve de concept chez l'humain. Ce stade représente un point d'inflexion important, où les projets deviennent attrayants pour l'industrie biopharmaceutique ou constituent une base pour la création d'entreprises en démarrage solides.
>
> L'Institut dispose de deux infrastructures entièrement intégrées pour la recherche et le développement : l'une située au Campus Saint-Laurent de Technoparc Montréal, et l'autre à Laval. Les deux installations fonctionnent comme des carrefours libres d'accès hébergeant des entreprises commerciales indépendantes et fournissant un environnement dynamique favorisant la collaboration, l'innovation et la créativité.
>
> L'Institut NÉOMED est financée conjointement par l'industrie pharmaceutique, par le ministère de l'Économie, de l'Innovation et des Exportations du Québec et par les Réseaux de centres d'excellence (RCE) du Canada.

Thème 4. Faire en sorte que la croissance soit inclusive – Le développement économique et des compétences au service de l'intégration de tous au marché du travail

L'inclusion sociale est une préoccupation qui s'impose dans un contexte de chômage relativement élevé – et parfois persistant chez certains groupes – et de croissance des inégalités ayant des conséquences sur les perspectives de développement à plus long terme, sur la cohésion et la justice sociales. Le rôle de l'éducation, de la formation et des politiques du marché du travail est généralement identifié comme essentiel dans la lutte à long terme contre l'exclusion et l'augmentation des inégalités. Certains groupes sont particulièrement visés par des initiatives montréalaises en rapport à ces préoccupations, dont les jeunes faiblement scolarisés, les personnes handicapées et les personnes immigrantes.

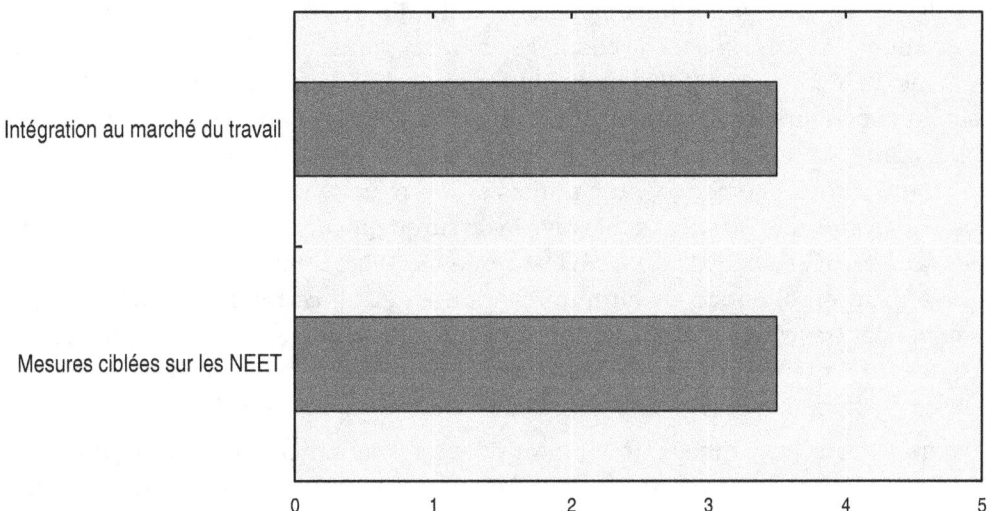

Graphique 3.5. **Croissance inclusive**

4.1. Adapter les programmes aux besoins des publics défavorisés pour faciliter leur intégration au marché du travail

Il existe à Montréal, un large éventail de groupes cible visés et desservis par des mesures qui leur sont destinées en exclusivité ou non. Des actions ponctuelles sont entreprises afin de créer des emplois, ou de faire du placement dans des emplois destinés à des personnes qui ne sont pas prêtes à occuper un emploi régulier. Ces actions – comme les possibilités d'emplois subventionnés ou d'ententes avec des employeurs – visent souvent les bénéficiaires de l'assistance sociale dont les caractéristiques (faible scolarité, éloignement prolongé du marché du travail, toxicomanie, etc.) ne leur permettent pas d'occuper un emploi productif et rémunérateur à court terme. Les personnes handicapées qui, dans bien des cas, doivent bénéficier d'une assistance à très long terme en matière d'aide à l'emploi sont une population particulièrement ciblée par ces dispositifs. Les centres de travail adapté, soutenu par Emploi-Québec et le ministère de la Santé et des Services sociaux, constituent un exemple de programme permettant à des personnes dont le potentiel d'employabilité est limité d'intégrer le marché du travail. Ces centres, dont quatre sont en opération à Montréal, offrent un environnement de travail supervisé et adapté à des clientèles spécifiques, et visent à l'amélioration de la qualité de vie de leur personnel en promouvant des pratiques de gestion saines.

L'emploi informel ou illégal n'est pas répandu à Montréal, du moins au regard des informations existantes. En conséquence, cet enjeu n'est pas jugé prioritaire par les autorités, de sorte que le soutien aux personnes qui désirent quitter de tels emplois est au mieux ponctuel.

Des programmes spécifiques à destinations des populations immigrantes

Avec une population de plus de 320 000 nouveaux immigrants installés depuis moins de dix ans, le Grand Montréal est l'un des principaux pôles d'immigration en Amérique du Nord (CMM, décembre 2013). En 2012, plus de 85 % des immigrants arrivés au Québec avaient pour destination la RMR de Montréal. Comme il a été évoqué dans le chapitre 1 de ce rapport, les nouveaux immigrants à Montréal sont très majoritairement des immigrants économiques et le niveau d'éducation moyen parmi cette population est largement supérieur à celui des non-immigrants.

Malgré cela, l'intégration des populations immigrantes au marché du travail reste problématique. En 2014, le taux de chômage des immigrants arrivés depuis moins de 5 ans étaient de 18.5 %, contre 8.2 % parmi la population non-immigrante. Ce taux était largement supérieur à celui observé à Toronto, à Vancouver et en moyenne au Canada. En outre, comme il a été montré dans le premier chapitre de ce rapport, les difficultés rencontrées par les personnes immigrantes sur le marché du travail persistent dans le temps. Par ailleurs, des données sur le niveau de surqualification des employés disponibles au niveau du Québec (MICC, 2013) révèlent que 43 % des immigrants de 25 à 54 ans en emploi étaient en situation de surqualification en 2012, ce taux étant de 29.7 % pour l'ensemble des travailleurs. Ainsi, les immigrants qui arrivent à trouver un emploi ont un risque plus important que le reste de la population de subir une inadéquation entre leur niveau de qualification et les compétences demandées par leur emploi.

Permettre aux personnes immigrantes d'intégrer le marché du travail local dans de bonnes conditions est pourtant cruciale dans le contexte démographique montréalais caractérisé par un vieillissement progressif de la population. En plus de permettre le maintien d'une population en âge de travailler suffisante l'immigration internationale peut également apporter des bénéfices majeurs à l'économie montréalaise, notamment en termes d'augmentation du niveau de compétences de la main d'œuvre et d'innovation (Zhu, 2014). En stimulant la demande locale, la créativité et les externalités de connaissances, les immigrants d'origines socioculturelles diverses tendent à encourager les nouveaux investissements et les processus d'innovation.

De nombreux organismes ont mis en place des mesures devant permettre de favoriser l'accueil et l'intégration des nouveaux immigrants à Montréal. Par exemple, en matière de reconnaissance des qualifications, Qualification Montréal, un guichet intersectoriel unique, a été créé en décembre 2013 à l'initiative d'éducation Montréal et en collaboration avec des nombreux acteurs de l'éducation, de la formation et du marché du travail. Le Conseil Emploi Métropole (CEM) a élaboré un plan d'action en matière d'intégration professionnelle des personnes immigrantes pour la période 2013-15 et fournit des conseils pratiques aux employeurs pour les soutenir dans leurs démarches de recrutement et leurs efforts de maintien en emploi des travailleurs immigrés. Des aides spécifiques sont également proposées, par exemple en matière de transport, de garde d'enfants, de cours de langue additionnels, ou de formation d'appoint afin de permettre aux immigrants qualifiés de répondre aux exigences particulières des professionnels québécois. Des évaluations sont également menées afin de mesurer les progrès enregistrés en matière de lutte contre l'exclusion de ces groupes. L'encadré 21 détaille plus spécifiquement trois programmes mis en place par différentes institutions dans le but d'atteindre l'objectif d'une meilleure intégration des immigrants au marché du travail.

> **Encadré 22. Des programmes pour l'intégration des populations immigrantes au marché du travail**
>
> **Le programme d'aide à l'intégration des immigrants et des minorités visibles en emploi (PRIIME)**
>
> Ce programme géré par Emploi-Québec et conduit en collaboration avec le MICC et Investissement Québec a pour objectif de faciliter l'embauche des travailleurs immigrés et issus des minorités visibles. Il consiste en une série de mesures incitatives permettant, sous certaines conditions, au nouvel employeur d'une personne visée de recevoir un complément de salaire de même qu'une subvention pour des frais supplémentaires liés, par exemple, à la formation ou à la réalisation d'activités d'intégration particulières pendant une période déterminée.
>
> **Le programme Emploi Nexus**
>
> Ce programme de la Ville de Montréal offre aux entreprises des informations, des outils, du soutien et des références pour le recrutement et le maintien en emploi des professionnels formés à l'étranger. L'objectif du programme est de réduire les trois principaux obstacles liés au recrutement des professionnels formés issus de l'immigration, à savoir les difficultés rencontrées ou perçues pour évaluer les diplômes, les compétences et l'expérience internationale; la méconnaissance des programmes existants pour soutenir les employeurs dans l'adaptation de leurs salariés; les environnements de travail non préparés à accueillir des travailleurs issus de l'immigration. Les entreprises montréalaises des secteurs innovants sont admissibles au programme, et les PME de ces secteurs sont particulièrement visées.
>
> **Le programme Interconnexion**
>
> Le programme Interconnexion, que la Chambre de commerce du Montréal métropolitain (CCMM) réalise en partenariat avec Emploi-Québec, a pour but de permettre un contact privilégié entre les organisations montréalaises et les nouveaux arrivants qualifiés pour favoriser leur intégration professionnelle. Ce programme vise à répondre autant aux besoins des entreprises qu'à ceux des immigrants grâce à une formule complète et flexible qui comprend des activités de jumelage gratuites et variées. Une inscription en ligne est accessible à la fois aux personnes immigrantes et aux employeurs.

L'impact de ces différentes mesures a pendant longtemps été limité du fait d'un manque de coordination entre les différents organismes. Pour pallier à cela, la Ville de Montréal s'est dotée, en janvier 2016, d'une structure unique, le Bureau d'intégration des nouveaux arrivants à Montréal (BINAM), devant permettre de regrouper l'ensemble des services et fonds destinés à l'accueil et à l'intégration des nouveaux immigrants. Cette nouvelle structure a notamment été créée afin de favoriser la mise en œuvre pratique, au niveau de la métropole de Montréal, de l'engagement pris par le gouvernement fédéral d'accueillir plusieurs dizaines de millier de réfugiés Syriens en 2015 et 2016. Financé à hauteur de 945 000 USD pour l'année 2016 et comptant une dizaine d'employés, le BINAM permet à la Ville de Montréal de développer une expertise interne dans l'accueil des immigrants, ce dont elle ne disposait pas auparavant. L'objectif de la municipalité est d'offrir un véritable parcours d'intégration grâce à un accompagnement prolongé et centré sur les personnes immigrantes. Ceci requiert une flexibilité suffisante afin d'adapter les interventions à la fois aux profils des individus et aux spécificités du territoire, tant du point de vue économique et social que culturel.

Créer des liens avec le monde du travail, en impliquant notamment les employeurs locaux, semble également crucial pour que les immigrants puissent avoir accès à des emplois pérennes et que l'économie locale bénéficie pleinement de cette source de talents. Des initiatives ont vu le jour en divers endroits du monde afin de jouer un rôle d'intermédiaire entre les immigrants et les employeurs, favorisant une compréhension mutuelle de ce que les uns peuvent apporter aux autres et mettant en place de manière concrète des passerelles permettant aux immigrants d'accéder au marché du travail. Plus près de Montréal. le Conseil pour l'emploi des migrants dans la région de Toronto (voir encadré 23) offre un exemple de dispositif encourageant l'engagement des acteurs économiques autours de l'accès en emploi des populations issues de l'immigration.

> **Encadré 23. Le Conseil pour l'emploi des migrants dans la région de Toronto (TRIEC)**
>
> Le TRIEC (Toronto Region Immigrant Employment Council) rassemble autour d'une même table des ONG, des entreprises, des syndicats et des responsables de politiques publiques dans le but de favoriser l'emploi des immigrants internationaux et de mieux utiliser les compétences que ces derniers apportent à la ville de Toronto. Des employeurs locaux jouent un rôle majeur dans le TRIEC, dont le président est d'ailleurs le président de la Banque royale du Canada. Le TRIEC reçoit également des financements du secteur public et le soutien d'une fondation privée, la Maytree Foundation. Ce partenariat a mis sur pied des programmes de parrainage et de stages à grande échelle : en 2015, 1 338 immigrants qualifiés ont bénéficié d'un parrainage par des employeurs locaux.

4.2. *Mesurer les handicaps de certaines personnes face au marché du travail et soutenir les initiatives les visant*

L'enjeu de l'intégration sur le marché du travail des jeunes qui ne sont ni en études, ni en emploi, ni en stage ou en formation (les NEET, selon l'acronyme anglais) est jugé prioritaire dans un contexte de rareté grandissante de personnes en âge de travailler et de nécessité d'élever la productivité moyenne du travail.

Comme il a été énoncé au chapitre 1, le taux de diplomation à Montréal était de 76 % en 2014, alors que ce taux est de 78 % dans l'ensemble du Québec et de 84 % à Toronto (Toronto District School Board, 2014). Bien que la proportion d'individus sortant du système scolaire sans aucune qualification ait diminué dans l'agglomération de Montréal au cours des dernières années, la problématique du décrochage scolaire y est importante, notamment dans certains arrondissements de l'île de Montréal. Or, les perspectives de participation au marché du travail, de chômage et de rémunération sont toutes nettement inférieures pour les personnes qui sortent du système scolaire sans aucune qualification, et ce tout au long de leur vie.

Les acteurs économiques montréalais prennent déjà de nombreuses initiatives pour les accompagner les jeunes en difficulté et les NEET. Par exemple, Montréal dispose d'un réseau étendu de Centres Jeunesse Emploi pour ce groupe démographique (encadré 24). De même, lorsqu'un jeune demande de l'assistance sociale, Emploi-Québec travaille avec

> **Encadré 24. Des initiatives pour les jeunes : les Carrefours jeunesse-emploi et Fusion Jeunesse**
>
> **Les Carrefours jeunesse-emploi**
>
> Les Carrefours jeunesse-emploi sont dédiés au soutien des jeunes en matière d'emploi, d'entrepreneuriat et de persévérance scolaire, ou de problématiques personnelles ou sociales. On en dénombre vingt-et-un sur l'île de Montréal.
>
> Le Carrefour jeunesse-emploi Montréal Centre-Ville agit en concertation avec le milieu des affaires et le milieu communautaire. Il accompagne les jeunes de 16 à 35 ans qui résident au centre-ville, y transitent ou le fréquentent, en les motivant et les encadrant, dans la poursuite de leurs projets éducatifs, professionnels, créatifs ou d'entrepreneuriat visant à trouver leur place sur le marché du travail montréalais et ailleurs.
>
> **Fusion-jeunesse**
>
> Fusion-Jeunesse est un organisme de bienfaisance. Sa mission consiste à lutter contre le décrochage scolaire en créant des liens continus entre le système scolaire, le monde des affaires, les organismes communautaires qui œuvrent auprès des jeunes, tout en développant des projets pédagogiques, pratiques et innovants destinés aux jeunes à risque afin de contribuer à leur instruction, leur socialisation et leur qualification. Cet organisme possède deux bureaux montréalais, dont le siège social de l'organisme qui reçoit le soutien des pouvoirs publics, mais également de représentants de premier plan de la communauté des affaires montréalaises.
>
> Fusion-jeunesse est à l'origine d'une idée innovante qui n'avait pas encore été testée au Québec et au Canada : embaucher et envoyer des étudiants universitaires, à titre de coordonnateurs, dans des écoles secondaires afin de développer et soutenir des projets qui motivent les jeunes à se surpasser de façon créative, les encouragent à s'impliquer davantage dans leur réussite scolaire et suscitent leur sentiment d'appartenance à l'école.

celui-ci et ses partenaires de service afin de l'orienter le plus rapidement possible vers des actions qui le conduiront dans les meilleurs délais et dans les meilleures conditions vers un emploi rémunéré et l'autonomie économique et financière.

Manifestement, au regard des résultats constatés, particulièrement dans certains quartiers, il reste beaucoup de chemin à parcourir avant qu'une très nette majorité de jeunes – surtout de jeunes hommes – soient en mesure de contribuer à une économie montréalaise de plus en plus orientée vers les industries du savoir et vers l'innovation, et d'en bénéficier pleinement en retour. La lutte contre le décrochage scolaire constitue donc un défi majeur et une condition nécessaire à l'amélioration de la situation socio-économique montréalaise.

Note

1. Par exemple, l'Enquête sur l'éducation et la formation des adultes, portant sur l'année 2002 ; et l'Enquête sur l'accès et le soutien à l'éducation et à la formation traitant des données de 2008. Ces deux enquêtes relèvent de Statistique Canada.

Références

BDC (juin 2010), *Portrait entrepreneurial canadien 2010*. Banque de Développement du Canada.

Centre Mowat (2013), *Making It Work: Final Recommendations of the Mowat Centre Employment Insurance Task Force*, novembre 2011, Centre Mowat, The Training Wheels Are Off.

CCMM (février 2016), *Un monde en mutation. Soyons prêt pour les emplois de demain !*, Chambre de commerce du Montréal métropolitain, www.emploisdufutur.com/.

Cohendet, P. et B. Mazouz (2009), « Les villes créatives : une comparaison Barcelone-Montréal », Management international, vol. 13.

CMM (décembre 2013), *Perspective Grand Montréal*, Bulletin de la Communauté métropolitaine de Montréal n° 24.

Cooke, P. (2001), « Regional Innovation Systems, Clusters, and the Knowledge Economy », *Industrial and Corporate Change*, vol. 10, n° 4, pp. 945-974.

Finnie, R. et al. (2015), « Post-Schooling Outcomes of University Graduates: A Tax Data Linkage Approach », Education Policy Research Initiative, *Working Paper* n° 2015-01, University of Ottawa.

Giguère, S. et F. Froy (2009), *Flexible Policy for More and Better Jobs*, Développement économique et création d'emplois au niveau local (LEED), Éditions OCDE, Paris, http://dx.doi.org/10.1787/9789264059528-en.

Knudsen, B. et al. (2008), « Density and creativity in US Regions », *Annals of the Association of American Geographers*, vol. 98, pp. 461-478.

MICC (2013), *Éléments explicatifs de la surqualification chez les personnes immigrantes au Québec en 2012*, ministère de l'Immigration et des Communautés Culturelles.

Morgan, Q.J. (2007), *Industry Clusters and Metropolitan Economic Growth and Equality*, School of Government, University of North Carolina at Chapel Hill.

Nelson, R. (2000), National Innovation Systems, in Zoltan J. Acs (dir.pub.), *Regional Innovation, Knowledge and Global Change*, Routledge.

Niosi, J. et M. Zhegu (2011), *Étude sur l'accompagnement à l'internationalisation des PME québécoises*, Rapport de recherche financé par l'Agence de développement économique du Canada.

OCDE (2015a), *Création d'emplois et développement économique local (Version abrégée)*, Éditions OCDE, Paris, http://dx.doi.org/10.1787/9789264230477-fr.

OCDE (2015b), *Employment and Skills Strategies in Flanders, Belgium*, OECD Reviews on Local Job Creation, Editions OCDE, Paris, http://dx.doi.org/10.1787/9789264228740-en.

OCDE (2014a), *Stratégies d'emploi et de compétences au Canada*, Éditions OCDE, Paris, http://dx.doi.org/10.1787/9789264211612-fr.

OCDE (2014b), *Employment and Skills Strategies in the United States*, OECD Reviews on Local Job Creation, Éditions OCDE, Paris, http://dx.doi.org/10.1787/9789264209398-en.

OCDE (2014c), « National programmes for SMEs and entrepreneurship in Italy », dans OCDE, *Italy: Key Issues and Policies*, Éditions OCDE, Paris, http://dx.doi.org/10.1787/9789264213951-9-en.

Puga, D. (2010), « The magnitude and causes of agglomeration economies », *Journal of Regional Science*, vol. 50/1, pp. 203-219.

Toronto District School Board (2014), *Graduation Rates*, www.tdsb.on.ca/HighSchool/GraduationRate.aspx

Ville de Montréal (21 janvier 2016), *L'entrepreneuriat à Montréal : un changement de culture s'opère à la Ville de Montréal*, communiqué.

Zhu, N. (2014), *Synthèse de la littérature sur l'impact de l'immigration sur l'innovation*, ministère de l'Immigration, de la Diversité et de l'Inclusion.

Chapitre 4

Des pistes d'action pour Montréal

Une stratégie ambitieuse, menant des actions simultanées et coordonnées dans un certain nombre de domaines, pourra aider l'économie montréalaise à développer ses capacités d'innovation et de création d'emplois de qualité. Cette stratégie misera sur le talent, l'atout maître de Montréal, et visera à le développer davantage et à le mettre à profit. Les actions devront être menées par une série d'intervenants dans le cadre d'un nouveau partenariat. Ce chapitre propose des pistes d'action pour Montréal et ses partenaires fondées sur l'analyse développée dans ce rapport.

Ce rapport a identifié les principales forces et faiblesses de l'économie montréalaise, avec une attention particulière portée aux facteurs qui jouent un rôle direct dans la création d'emploi. Montréal dispose d'atouts indéniables qui peuvent lui permettre de se positionner comme acteur majeur en termes d'innovation et de développement économique au niveau national et international. Parmi ces atouts figurent un écosystème d'innovation dense constitué d'acteurs variés tels que des grandes firmes industrielles, de nombreuses start-up dans des secteurs émergents et des universités de premiers plan ; une main d'œuvre abondante et relativement bien formée, même si la proportion d'individus très hautement qualifiés pourrait être plus importante ; un système financier bien développé. La qualité de vie et l'environnement physique propice aux activités d'innovation sont également des atouts majeurs pour la ville.

Montréal est cependant confrontée à un certain nombre de défis, notamment au regard du faible niveau de productivité des travailleurs, du manque de dynamisme d'une large part du tissu de PME et des difficultés d'intégration au marché du travail rencontrées par une partie importante de la population, en particulier immigrante. D'après l'analyse de l'adéquation entre les capacités productives et les compétences de la main d'œuvre, Montréal se situe en équilibre à faible niveau de compétences et de productivité en comparaison avec d'autres métropoles nord-américaines comparables. Ceci révèle un déficit à la fois d'offre et de demande de compétences.

Face à ces constats, ce rapport a mis en évidence les insuffisances du point de vue des politiques publiques et des initiatives locales relatives au développement économique, à l'innovation, à l'éducation et au marché du travail. Les services d'aide aux entreprises sont nombreux mais ils ne disposent que de moyens limités et sont encore insuffisamment coordonnés. Les multiples dispositifs de soutien au développement local ne prennent pas assez en compte les nouvelles logiques de développement économique et d'innovation qui s'appuient en grande partie sur des réseaux et partenariats entre acteurs de différents secteurs favorisant la mutualisation des ressources et la circulation des connaissances. Si les agences de l'emploi disposent de marges de manœuvre leur permettant d'adapter leurs services aux spécificités du marché du travail à Montréal, cela n'est pas le cas des institutions du secteur de la formation technique et professionnelle qui restent dépendantes d'un système relativement rigide, cloisonné et peu réactif aux besoins des acteurs économiques locaux. En dépit de l'existence de nombreux organes de concertation, l'articulation entre les politiques et initiatives locales relatives à l'emploi, aux compétences et au développement économique n'est pas optimale du fait notamment de la complexité du cadre de gouvernance. Les universités et cégeps peuvent jouer un plus grand rôle comme laboratoire d'idée pouvant alimenter l'innovation locale et aider les PME à préparer les prochaines étapes de leur développement. Plus peut être fait pour favoriser l'insertion des immigrants au marché du travail, et pour permettre aux individus possédant des qualifications d'en faire bénéficier l'économie montréalaise.

Améliorer la capacité de Montréal de créer plus d'emplois et de meilleure qualité passe par une meilleure utilisation des talents. Les entreprises montréalaises doivent être encouragées à prendre pleinement conscience du potentiel que représentent les compétences de leurs salariés en termes d'innovation et de gains de productivité, et à mettre en place des mesures permettant à ce potentiel de se réaliser. Une meilleure adéquation entre les qualifications des salariés et les emplois qu'ils occupent permet d'améliorer la qualité des emplois et constitue également une forte incitation pour les jeunes générations à investir dans leur formation et à acquérir un haut niveau de compétences. Enfin, une meilleure utilisation des talents peut favoriser l'insertion des populations immigrantes sur le marché du travail en reconnaissant à sa juste valeur l'atout que constitue une main d'œuvre diverse et ouverte sur le monde.

Un grand potentiel d'amélioration est à la portée de la Ville et de ses partenaires. Montréal, métropole de talent, possède tous les atouts et ingrédients pour relever ce défi. Son leadership fort peut et doit se saisir de l'opportunité que constitue l'évolution vers un statut de métropole. Toutes les parties prenantes à ce processus doivent faire de même, à l'instar de ce qui a été réalisé au Royaume-Uni au travers des City Deals par exemple, car il est dans l'intérêt de tous que Montréal joue pleinement son rôle de moteur de progrès économique et social au Québec et au-delà.

Mieux mobiliser le talent pour créer plus d'emplois et de meilleure qualité est un objectif qui ne peut être réalisé par une simple politique nationale, une initiative locale isolée ou encore un simple transfert de pouvoir. Seule l'adoption d'une stratégie globale, intégrée et activement poursuivie par l'ensemble des partenaires peut permettre d'atteindre ce but. Dans ce contexte, la Ville de Montréal pourrait jouer un rôle accru afin de porter un agenda ambitieux de transformation de l'action publique et d'engagement de l'ensemble des ressources politiques et socio-économiques du territoire.

Montréal doit mettre sur pied une stratégie qui vise à placer la métropole sur une trajectoire allant vers un équilibre à haut niveau de productivité et de compétences en collaboration avec ses partenaires gouvernementaux et économiques. Cette stratégie doit se décliner en une série d'actions concrètes et coordonnées dans les domaines du développement économique, de l'innovation, de l'éducation et de la formation, de l'intégration des populations cibles, notamment immigrantes, ou encore de la gouvernance.

Un premier volet de cette stratégie consistera à accélérer le développement des PME et à renforcer la résilience des très petites entreprises. Il faut stimuler le développement des capacités exportatrices des PME et accroître leurs dispositions à innover et investir. Il est nécessaire d'atteindre un plus grand nombre de petites entreprises et de les insérer dans un processus de mise en commun des expériences leur permettant d'apprendre à améliorer leur fonctionnement et leur organisation du travail.

Un second volet visera à stimuler l'innovation, notamment ses nouvelles formes, au sein de l'économie montréalaise et à accélérer le développement de nouvelles idées créatrices d'emplois. Il s'agira de renforcer les mécanismes horizontaux d'innovation et de mieux relier différents secteurs créatifs par-delà les logiques sectorielles et d'innovation purement technologique. Ces processus doivent contribuer à un développement des activités productives en même temps qu'ils améliorent l'utilisation des ressources en talent de la métropole.

Un troisième volet portera sur le développement des compétences en favorisant leur demande et leur utilisation par l'économie montréalaise. Dans un équilibre à bas niveau de compétences et de productivité, les entreprises tendent à créer des emplois de moindre qualité (et le marché du travail tend vers une forte polarisation), ne créant que peu d'incitation chez les jeunes à acquérir des compétences de haut niveau. Un développement des compétences par l'unique biais de l'augmentation du niveau d'éducation de la population risquerait de ne pas apporter de résultats satisfaisants en termes de création d'emplois de qualité si le marché du travail local n'offre déjà pas suffisamment d'emplois correspondant à des niveaux de qualifications élevées. Il faudra donc stimuler l'utilisation des compétences disponibles par les entreprises, un facteur clé d'innovation et de création d'emplois dans l'économie de la connaissance.

Le quatrième volet complètera cette action forte en matière de développement des compétences par des mesures visant à élever le niveau des qualifications. À mesure qu'on parvient à renforcer la demande de compétences, il sera bon de simultanément valoriser l'acquisition de qualifications de niveau supérieur pour que l'offre puisse évoluer au même rythme que la demande. Ceci permettra à l'économie montréalaise de progresser plus rapidement vers un équilibre à haut niveau de compétences, tout en évitant les pénuries de compétences spécialisées et de niveau élevé.

Le cinquième volet portera sur une plus grande mobilisation des talents issus de l'immigration. Il s'agira de mieux déterminer les besoins de compétences en provenance de l'étranger, de mieux intégrer les individus au marché du travail local, de leur permettre d'acquérir des nouvelles compétences nécessaires et de mettre celles-ci à profit dans les processus d'innovation. L'immigration est un moteur puissant d'innovation et de création d'emploi, et il serait dommage de ne pas l'activer pleinement.

Sur le plan de la gouvernance, il est essentiel que les actions suivants ces objectifs stratégiques soient menées dans un cadre intégré mobilisant l'ensemble des acteurs montréalais autour d'un projet commun. Des implications importantes sont à prévoir pour le rôle de l'ensemble des intervenants impliqués dans la mise en œuvre des politiques publiques et des initiatives locales à Montréal. Il est important de les noter dans le cadre des discussions visant à définir un statut de métropole pour la Ville de Montréal.

Le reste de ce chapitre proposera des actions concrètes pour chacun de ces volets. Il conclura en suggérant quelques implications pour la gouvernance des politiques et initiatives, et pour le statut de métropole.

Volet 1. Structurer, renforcer et mieux cibler l'appui au développement des PME

Plusieurs initiatives récentes ont été lancées à Montréal pour favoriser le développement de l'entrepreneuriat et harmoniser les services aux entreprises pour en faciliter l'accès. La Ville est active dans ce domaine, notamment avec le lancement de PME MTL et le soutien à une nouvelle École entrepreneuriale, qui s'ajoutent aux programmes des gouvernements provincial et fédéral. Un grand nombre d'intervenants – organisation sans but lucratif, fondations – suppléent ces actions par des incubateurs ou du soutien financier aux nouveaux entrepreneurs. Ces actions vont dans la bonne direction étant donné la propension relativement faible de la population à devenir entrepreneur.

S'il faut poursuivre ces actions et les renforcer, davantage doit être fait pour accompagner spécifiquement les PME dans leur développement. La majorité des PME innovent et investissent peu. Elles ne cherchent pas à améliorer leur organisation du travail ou à identifier de nouveaux marchés. Plusieurs de ces PME parviennent à participer aux activités organisées dans le cadre des grappes industrielles, et collaborent avec leurs partenaires sectoriels, mais cela n'est souvent pas suffisant pour susciter une évolution vers des stratégies de mise en marché à plus forte valeur ajoutée et des processus de production plus efficaces utilisant de manière optimale les compétences des employés.

Internationaliser pour mieux innover. S'il existe une panoplie de programmes et de services offerts par les différents niveaux de gouvernements à destination des PME, à l'image de ceux proposés par PME Montréal, ceux-ci gagneraient à être renforcés et mieux alignés afin de gagner en efficacité et d'atteindre une majorité de PME et de très petites entreprises. Les processus d'internationalisation et d'innovation allant souvent de pair et se renforçant mutuellement au sein des entreprises, il serait judicieux d'allouer des moyens plus importants au soutien aux PME dans leur développement sur des nouveaux marchés nationaux et internationaux, en lien étroit avec les interventions favorisant l'innovation. L'objectif d'internationalisation pourrait être déployé sous la forme de formation au chef d'entreprise, d'assistance technique, de financement, de mentorat, ces interventions pouvant être intégrées aux programmes et services visant les PME de manière à favoriser les synergies. Par exemple, des missions de collaborations entrepreneuriales peuvent être développées, comme celle actuellement en projet avec la métropole de Lyon visant à permettre aux PME des deux villes d'accéder aux dispositifs d'innovation à la fois à Lyon et à Montréal (accélérateurs et incubateurs notamment), afin de favoriser la commercialisation, dès leurs premières phases de croissance, sur les marchés québécois et français, voire européens et nord-américains.

Stimuler l'innovation interne au sein des PME. Pour les entreprises montréalaises qui resteront, de par la nature de leur produit ou service, tournées vers le marché local, il semble nécessaire de favoriser un processus d'innovation de l'intérieur. L'innovation, technologique ou non, naît souvent des interactions entre le personnel de l'entreprise et celui de ses partenaires de la chaîne de valeur, c'est-à-dire ses clients ou ses fournisseurs. L'innovation peut aussi découler d'interactions au sein de l'écosystème local de l'entreprise, qui inclut les collaborateurs ou les compétiteurs de l'entreprise, les services gouvernementaux, les consultants, les techniciens externes. De ces nouvelles idées d'amélioration, qu'elles concernent les modalités de production ou l'utilisation des intrants, peuvent émerger de nouveaux produits et services ou de nouvelles stratégies pour l'entreprise, entraînant avec elle de nouveaux débouchés et une possible progression de carrière pour le personnel. Il est essentiel que ce type d'innovation, qui demande une certaine ouverture d'esprit de la part du chef d'entreprise, puisse foisonner dans l'entreprise. Ceci peut se concrétiser par une assistance technique et des formations à la gestion à destination des firmes afin qu'elles adoptent des méthodes de production et des services à plus forte intensité de connaissances. Favoriser les mécanismes de mobilité professionnelle interne peut également produire des résultats en termes de productivité au travers d'une plus grande motivation des employés. Enfin, les responsables, tout comme les employés, doivent être encouragés à suivre des formations tout au long de leur carrière afin de mettre à niveau leurs compétences de gestion. Les récents efforts de réorganisation du réseau de soutien aux entreprises montréalaises, qui ont mené à la création de PME MTL, s'inscrivent dans cette logique et doivent être poursuivis pour permettre une plus grande dissémination des pratiques favorisant les innovations organisationnelles et une utilisation optimale des compétences au sein de firmes.

Volet 2. Favoriser l'innovation croisée et ascendante au sein de l'économie locale

Compte tenu du nombre important d'acteurs intervenant dans le soutien au développement économique à Montréal, le système de gouvernance y est relativement complexe. Les stratégies des acteurs ne sont pas parfaitement intégrées, bien que des efforts importants aient été entrepris dans ce sens. Si des progrès doivent encore être réalisés en termes de simplification et de coordination de l'action publique, celle-ci doit également changer d'approche afin de s'adapter aux nouvelles logiques d'innovation et de développement économique.

L'importance des logiques de réseau dans les processus d'innovation a été rappelée dans ce rapport. Dans un contexte de montée en puissance de l'économie de la connaissance, les économies d'agglomération donnent un avantage crucial aux zones urbaines denses en termes de productivité et d'innovation, en favorisant la circulation des connaissances, la mutualisation des ressources et l'adéquation entre l'offre et la demande sur les marchés des biens, des services et du travail (Puga, 2010). Compte tenu de sa masse critique et de ses ressources importantes en termes de capital humain notamment, Montréal doit pouvoir bénéficier de telles économies d'agglomération.

Par ailleurs, le rôle des pouvoirs publics en matière de développement local est amené à évoluer alors qu'émergent des logiques de développement local « par le bas », laissant une plus grande liberté aux acteurs socioéconomiques de nouer des partenariats dans le but de développer des projets en s'appuyant sur les ressources locales. Cette approche doit permettre l'adoption de stratégies de développement local intégrées et multisectorielles, conçues à la lumière du potentiel et des besoins locaux, et encourageant l'implication d'un grand nombre d'acteurs évoluant en réseau.

Renforcer les initiatives mobilisatrices. Dans ce contexte, les pouvoirs publics à Montréal peuvent jouer un rôle majeur de mobilisation et de mise en réseau des nombreux acteurs de l'innovation et du développement économique présents dans la ville. Une plus grande coordination entre ces acteurs pourrait leur permettre de mieux tirer profit de leurs investissements dans l'innovation, le développement des compétences, ou encore la recherche de nouveaux marchés. Les initiatives « Je vois Montréal », puis « Je fais Montréal », s'inscrivent parfaitement dans cette logique de mobilisation des acteurs socioéconomiques dans le but de faire émerger une vision commune de la situation actuelle et de l'avenir du territoire, et d'inciter à la formation de partenariats menant à la réalisation de projets concrets. Ce type d'action devrait être renforcé de manière à rejoindre une population plus large d'acteurs du développement socio-économique local tels que les jeunes entrepreneurs mais également les organisations œuvrant dans les quartiers actuellement en marge des dynamiques économiques et d'innovation.

Élargir les processus d'innovation. La Ville se doit de continuer à jouer ce rôle de catalyseur et de facilitateur tout en veillant à ce que les projets des acteurs intègrent l'objectif de meilleure utilisation des talents, en incluant par exemple des innovations en termes de gestion du personnel, de formation des salariés ou encore de mobilité professionnelle. Si les processus d'innovation technologique classiques doivent continuer à être encouragés, au travers notamment des grappes industrielles, il serait judicieux de renforcer le soutien à des projets de type « living lab », qui considèrent les individus et usagers comme acteurs clés des processus d'innovation, et à des lieux intermédiaires favorisant les rencontres, le croisement des pratiques et des approches, la créativité et l'expérimentation. Ce soutien doit être constant, patient et respectueux de l'indépendance des acteurs concernés.

Décloisonner les grappes industrielles. Le Ville et ses partenaires doivent continuer de participer de manière active à la promotion des grappes industrielles et des secteurs émergents. Ils doivent également poursuivre les efforts visant à décloisonner les grappes. La promotion des grappes industrielles apporte des résultats positifs en termes d'innovation mais peut se révéler contre-productive lorsqu'elle contribue à limiter les interactions et échanges de procédés entre les secteurs. Les systèmes d'innovation sectoriels fermés peuvent en outre susciter des effets de verrouillage des procédés au sein des secteurs et retarder leur évolution. En s'inspirant d'initiatives étrangères, comme en Flandres par exemple (voir encadré 9), il est important de les compléter par des systèmes d'innovation transversaux qui cherchent à mettre en commun les pratiques et favorisent les échanges et collaboration par-delà les secteurs.

Volet 3. Stimuler la demande et l'utilisation des compétences par la formation et la recherche

Ce rapport a mis en évidence le déficit qu'accuse Montréal tant du point de vue de l'offre que de la demande de compétence en comparaison avec d'autres métropoles nord-américaines comparables. Dans un équilibre à bas niveau de compétences et de productivité, les entreprises tendent à créer des emplois de moindre qualité, ceci n'incitant pas les jeunes à acquérir des compétences de haut niveau. L'effort de formation insuffisant des employeurs et le dynamisme relativement faible des PME montréalaises, ainsi que leur apparent manque d'ambition à l'international, corroborent le constat d'une faiblesse de la demande de compétences de la part des employeurs. C'est pourquoi une amélioration de la productivité et de la qualité des emplois à Montréal doit passer par l'adoption d'une stratégie globale et intégrée visant à développer simultanément les compétences de la main d'œuvre et les capacités productives de l'économie locale. L'ensemble des acteurs publics, privés et de la société civile concernés, et en premier lieu les institutions de formation et de recherche, doivent mettre en place des mesures coordonnées permettant d'atteindre cet objectif commun.

Afin de stimuler la demande de compétences au niveau local, il est important d'intégrer les politiques de développement des compétences à des mécanismes plus généraux de soutien aux entreprises et de développement stratégique (OCDE, 2015a). Comme il a été énoncé précédemment, ceci peut se concrétiser par une assistance technique et des formations à la gestion à destination des firmes afin qu'elles adoptent des méthodes de production et des services à plus forte intensité de connaissances, ou qu'elles améliorent leurs stratégies relatives aux marchés de produits. Les initiatives mises en place par la Ville comme PME MTL peuvent jouer un rôle important pour favoriser une meilleure utilisation des compétences dans les PME. Mais l'ampleur de la tâche est largement supérieure aux capacités actuelles, s'agissant d'améliorer la productivité d'un important bassin de petites et très petites entreprises.

Un certain nombre d'acteurs, notamment dans le secteur de la formation, peuvent aussi intervenir et contribuer à cette mission importante et difficile car il faut pouvoir atteindre un grand nombre de PME et notamment de très petites entreprises. Ces dernières ne disposent généralement pas de service de gestion des ressources humaines et n'ont pas la capacité de mettre en place des mesures favorisant la formation du personnel, la mobilité, et l'émergence de processus d'innovation internes. Emploi-Québec mène des activités dans ce sens, mais elles ne semblent pas suffisantes face au besoin de dynamisation du tissu de PME à Montréal.

Renforcer le rôle des établissements d'enseignement *dans la promotion de l'utilisation des compétences.* Les établissements d'enseignement, et en particulier les cégeps, peuvent jouer un rôle important pour développer les capacités des entreprises, en particulier celles de petite taille, à utiliser de manière innovante les compétences de leur main d'œuvre. Des cégeps ont déjà entrepris, avec des capacités inégales, de produire des diagnostics et des services auprès des PME en matière de gestion des ressources humaines, de planification des besoins de main d'œuvre, ou encore d'identification de déficiences sur le plan des compétences. Elles ont établi des formations adaptées aux besoins des chefs d'entreprises et de leurs employés, et des services d'assistance technique. Cette mission devrait être développée davantage et mieux financée. Elle doit être menée en partenariat avec d'autres intervenants, comme PME MTL pour certains aspects techniques. Le partenariat avec Emploi-Québec sera aussi essentiel, notamment parce qu'en tant que service public de l'emploi, l'organisation peut identifier les entreprises caractérisées par un taux de roulement du personnel élevé, ce qui peut être le symptôme d'une mauvaise organisation du travail, de procédés inadaptés et d'une productivité faible.

Impliquer davantage les universités dans le développement économique local. Les universités contribuent souvent de manière significative à la prospérité économique des territoires dans lesquels elles sont ancrées, en jouant notamment un rôle de formation et d'attraction des talents, ainsi qu'un rôle d'incubateur de nouvelles idées pouvant être commercialisées par le tissu économique environnant. À Montréal, leur contribution à la prospérité de l'économie locale par ce biais semble sous-optimale, en particulier du fait des difficultés rencontrées pour retenir les talents à l'issue de leurs études, et parce qu'elles ne semblent pas fortement engagées vis-à-vis des problématiques de l'économie locale. Les universités présentes dans la métropole québécoise sont particulièrement bien positionnées en matière de recherche au niveau international. Elles participent en outre au transfert technologique et nouent des collaborations avec des entreprises, principalement de grande taille, afin de commercialiser de nouveaux produits et de mettre au point des processus de production plus efficaces. Si elles ont établi des centres dirigés vers l'entrepreneuriat et l'incubation de nouvelles entreprises, leurs activités de recherche appliquée visant les entreprises locales de taille modeste pourraient être développées. Les cégeps jouent un rôle important en la matière, au travers des Centres Collégiaux de Transfert Technologique (CCTT) qui apportent des solutions souvent bien adaptées aux besoins des PME et TPE montréalaises. Il apparaît nécessaire d'encourager un lien plus étroit entre le monde universitaire et les organismes de formation technique et professionnelle, en collaboration avec les entreprises locales, afin de stimuler la recherche appliquée et de mieux diffuser ses résultats auprès des PME. Ceci pourrait favoriser les gains de productivité grâce à la mise en place d'innovations incrémentales au sein des firmes de toute taille en améliorant par exemple l'utilisation des technologies dans les processus de production. De meilleures possibilités d'embauche au sein de l'industrie locale pourraient alors bénéficier aux talents que les universités attirent. Développer des collaborations entre les universités et les cégeps permettrait d'unir les atouts propres à ces deux types d'institutions, en termes de connaissance du tissu économique locale et de capacité d'investissement notamment, et de les mettre pleinement au service des employeurs locaux.

Insérer les employeurs dans l'élaboration des cursus de formation technique et professionnelle. La participation des employeurs dans la conception des programmes encourage leur utilisation et permet de mieux répondre aux besoins des entreprises et des secteurs d'activité, comme c'est le cas en Ontario et aux États-Unis par exemple (voir encadré 5). Des programmes plus pertinents à l'égard des besoins du marché et impliquant les employeurs dans leur mise en œuvre les rendent par ailleurs plus attractifs auprès des jeunes et peuvent contribuer à une participation plus importante, un meilleur apprentissage et à favoriser l'innovation au sein des entreprises. Dans la mesure où on pourra accorder plus de souplesse dans la gestion des programmes de formation technique et professionnelle (voir plus bas), celle-ci pourrait être complétée par une implication accrue des employeurs dans la conception et la mise en œuvre des formations.

Volet 4. Élever le niveau des qualifications

Une stratégie intégrée visant à la fois le développement des capacités productives et une meilleure utilisation des compétences doit pouvoir accroître les incitations à acquérir davantage de compétences. Mais cette approche graduelle ne doit pas faire oublier le niveau de qualification relativement faible de la population montréalaise à l'heure actuelle, qui agit comme un poids pour le développement social et économique de Montréal. Au-delà de leur impact sur la croissance, les qualifications jouent un rôle important sur l'emploi et l'inclusion. Au niveau de l'OCDE, 80 % les diplômés universitaires sont en emploi, mais ce taux n'est que de 70 % pour les diplômés du secondaire. Les écarts de revenus selon le niveau de qualification sont en moyenne substantiels (OCDE, 2015b). S'il est vrai qu'un investissement accru dans le domaine seul de l'offre de compétences pourrait apporter un résultat décevant en l'absence d'effort correspondant sur le plan de la demande dans le cas de Montréal, il serait opportun dans le même temps de mener une action ambitieuse de manière à relever le niveau de qualifications.

Assouplir la formation technique et professionnelle. L'enseignement et la formation professionnels et techniques sont relativement peu flexibles au Québec, le système d'approbation des formations étant centralisé ce qui limite leur capacité d'adaptation des cursus aux besoins des acteurs économiques et des individus. Les cégeps ont besoin de plus de flexibilité pour adapter leurs offres de cours aux élèves susceptibles de décrocher et aux décrocheurs qui envisagent de reprendre une formation. Ce manque de souplesse a également été constaté dans les formations proposées aux adultes, celles-ci étant caractérisées par des critères d'accessibilité stricts qui limitent les possibilités de réinsertion et d'avancement professionnel des individus n'ayant pas obtenu de diplôme d'études secondaires. Le système d'approbation pourrait être adapté à l'échelle métropolitaine afin que la responsabilité locale soit plus grande sans pour autant nuire aux avantages liés à la concentration des capacités. Une plus grande souplesse, qui rendrait possible une adaptation des cursus aux spécificités de l'économie locale et au contexte social des différents quartiers, pourrait permettre de mieux encourager les divers groupes de la société à acquérir davantage de qualifications.

Favoriser la continuité des parcours d'éducation par un partenariat entre universités et cégeps. Un lien plus étroit entre les universités et les cégeps pourrait favoriser un relèvement des qualifications, en encourageant les poursuites d'études pour des jeunes qui n'en aurait pas forcément pris l'initiative. Une plus grande continuité dans les parcours de formation, ainsi qu'une meilleure information sur les cursus universitaires et les débouchés professionnels, permettraient de mieux préparer les étudiants des cégeps aux études supérieures. Par ailleurs, les cégeps et les universités pourraient mettre en commun leurs connaissances de l'économie montréalaise, en lien avec les partenaires du marché du travail, afin de définir ensemble les secteurs et profils d'emplois qui pourraient bénéficier de qualifications plus élevées, ainsi que les moyens de favoriser cette progression.

Volet 5. Favoriser l'insertion des immigrants au marché du travail et aux dynamiques d'innovation

L'agglomération de Montréal reçoit aujourd'hui près de 35 000 immigrés par an, soit environ 70 % des immigrants arrivant au Québec, et la Ville doit se tenir prête à accueillir une part significative des 25 000 réfugiés syriens que le gouvernement fédéral s'est engagé à réinstaller en 2016. Face au défi que représente le vieillissement de la population à Montréal, comme dans beaucoup d'autres métropoles de l'OCDE, l'immigration internationale peut permettre le maintien d'une main d'œuvre qualifiée suffisante à même de répondre aux besoins des employeurs locaux. Cette immigration peut également constituer un atout majeur en termes d'amélioration de l'offre de compétences et de stimulation des processus d'innovation.

La situation actuelle des immigrants sur le marché du travail montréalais n'est pas satisfaisante, tant du point de vue du taux de chômage que de l'inadéquation entre le niveau de qualification des individus et les compétences requises pour les emplois qu'ils occupent. Compte tenu du fait que de nombreux organismes interviennent à Montréal dans le soutien à l'intégration des immigrants, la lisibilité des interventions et leur efficacité ont longtemps été insuffisantes. La création du Bureau d'intégration des nouveaux arrivants à Montréal (BINAM) en janvier 2016 peut permettre de remédier à certains de ces écueils.

Co-déterminer les besoins en matière d'immigration. Des mesures devraient être prises pour améliorer l'adéquation entre les compétences offertes par les immigrants et la demande des employeurs. La Ville devrait contribuer à l'établissement des besoins de compétences non comblés et prévus dans l'avenir, et être associée aux décisions menant à la détermination des besoins en matière d'immigration et de leur répartition sur le territoire montréalais.

Fournir une formation mieux adaptée aux besoins des immigrants. Compte tenu de l'évolution rapide du marché du travail, les formations proposées aux immigrants doivent être plus réactives aux besoins des individus et des firmes locales. Il faut améliorer la communication entre les organismes intervenant au niveau de l'offre de formation et de la demande des entreprises. Dans cette optique, les employeurs peuvent être encouragés à s'engager dans l'élaboration des programmes de formation. La Ville doit pouvoir réunir organismes de formation et représentants des employeurs afin de mieux coordonner les services de formation et leur programmation. Il serait judicieux dans ce contexte, et de manière fidèle à certaines recommandations qui ont précédé, que les programmes relevant des pouvoirs publics puissent être assouplis de manière à être en capacité de mieux s'adapter à la situation des immigrants. Les programmes doivent être réactifs, modulables, et programmables en différents moments de l'année et pour de petits groupes.

Orienter les mesures de soutien vers l'intégration au marché du travail. Les outils et instruments d'action publique doivent être adaptés aux besoins particuliers des immigrants et s'accompagner d'un soutien spécialisé visant à favoriser leur acculturation et à développer leurs réseaux sociaux. Il est également essentiel d'apporter aux employeurs des solutions permettant de surmonter les barrières à l'embauche de candidats immigrants, notamment par une aide à l'homologation des diplômes, à la validation des expériences professionnelles effectuées à l'étranger, à l'acquisition d'un niveau de langue suffisant ou encore à la réalisation de stages professionnels. La mise en place du BINAM va dans le sens d'une plus grande adaptation des interventions aux besoins spécifiques des individus et d'une meilleure coordination entre les différents organismes dans ce domaine. Établir des liens durables entre le BINAM et les partenaires du marché du travail semblent essentiel pour favoriser l'insertion des immigrants dans l'emploi tout en permettant une meilleure utilisation du potentiel de talent que constituent les populations immigrantes pour l'économie locale.

Faciliter la création d'entreprises par les immigrants. Stimuler la création d'entreprise parmi les populations immigrantes peut également concourir à leur intégration dans la société montréalaise. Parmi les mesures concrètes pouvant être prises dans ce domaine figure la fourniture de conseils concernant le contexte juridique local ou encore l'élaboration de plans d'activité. Sur ces questions, il est essentiel de pouvoir s'adapter à la perspective des populations immigrantes de façon à les intégrer le plus rapidement possible et d'utiliser leur potentiel de création d'entreprise de manière optimale. Compte tenu du faible dynamisme de l'entreprenariat à Montréal, ceci pourrait être particulièrement bénéfique pour l'économie locale.

Cibler les jeunes issus de l'immigration. Dans le contexte montréalais, il peut être nécessaire d'adopter des mesures ciblant plus particulièrement les jeunes issues de l'immigration connaissant des difficultés d'intégration. Des programmes de mentorat peuvent donner la possibilité à ces jeunes de mieux reconnaitre leurs qualités et leur potentiel sur le marché du travail, d'être mieux informés sur le système éducatif, les débouchés des formations ou encore la transition vers le monde du travail, et ainsi de rehausser leur degré d'aspiration et d'ambition. Il est également important d'accompagner les jeunes même après l'obtention de leur premier emploi afin qu'ils ne se retrouvent pas bloqués dans des emplois de faible qualité et qu'ils puissent connaître une progression au cours de leur carrière. Identifier et travailler en partenariat avec des employeurs dans des secteurs clés en croissance peut permettre d'augmenter les perspectives d'emplois durables des jeunes peu qualifiés.

Implications pour la gouvernance et le statut de Métropole

Ces pistes d'action sont celles qui apparaissent nécessaires à la lumière de l'analyse contenue dans ce rapport si l'on souhaite tout mettre en œuvre pour que Montréal puisse créer plus d'emplois et de meilleure qualité, dans une économie plus productive à l'avenir. Seul un ensemble d'actions fortes qui agissent à la fois sur les capacités productives, sur les compétences qui sont produites, et sur l'utilisation de ces compétences et du talent disponible à Montréal, peut mettre son économie sur une trajectoire allant vers un équilibre à haut niveau de compétences et de productivité.

Ces actions concernent toute une série d'intervenants. Elles visent non seulement la Ville de Montréal, mais aussi les différents niveaux de gouvernement. Dans ce contexte, les recommandations formulées pourront nourrir les discussions actuelles menées sur un statut de métropole pour Montréal, entre la Ville et le gouvernement du Québec.

Une part importante des recommandations touche **la gestion** d'un certain nombre de politiques publiques du ressort du gouvernement du Québec. Il est notamment recommandé que le gouvernement puisse assouplir certains aspects des domaines de l'éducation et de la formation technique et professionnelle. La question de la mise en œuvre de cette recommandation est importante. Il n'est pas clair, et cela n'était pas le sujet de ce rapport, si une plus grande souplesse dans ces domaines pourrait être bénéfique à l'ensemble du territoire québécois. Ce qui semble en revanche certain, c'est que Montréal présente une situation économique et sociale unique au Québec, une masse critique importante sur le plan institutionnel, des structures de gouvernance renforcées, et que pleinement déployer son potentiel bénéficiera à l'ensemble de l'économie québécoise. Par conséquent, il pourrait être opportun pour les autorités de considérer d'accorder la possibilité pour la Ville de participer à la codétermination des objectifs stratégiques et des modalités de mise en œuvre des politiques publiques dans ces domaines.

En particulier, il apparaît important que des cursus de formation technique et professionnelle puissent bénéficier de processus d'approbation plus rapides, et que des décisions soient prises à l'échelle de la métropole afin de satisfaire les objectifs stratégiques promus à ce niveau ; de rendre possible des partenariats faisant intervenir les employeurs dans la conception et la mise en œuvre des programmes de formation technique et professionnelle ; qu'on puisse assouplir les critères d'accès aux programmes de formation destinés aux adultes, tout en renforçant les moyens qui leur sont alloués, afin qu'ils soient un levier plus puissant d'intégration et de relèvement des compétences ; que les besoins en matière d'immigration et la répartition des immigrants en fonction des profils de compétences puissent être co-déterminés à l'échelle de la métropole ; et que les programmes de formation destinés aux immigrants soient modulables dans leur contenu, leur programmation et leur durée.

D'autres recommandations concernent **le cadre stratégique** des politiques du gouvernement. C'est le cas du rôle que peuvent jouer les cégeps pour aider les entreprises à mieux utiliser les compétences disponibles. Cette mission, qui fait l'objet d'interventions marginales à l'heure actuelle, pourrait être renforcée, clarifiée et mieux pourvue en ressources sur le territoire de la métropole. Les services offerts aux jeunes issus de l'immigration devraient également être renforcés et mieux orientés vers les besoins des groupes cibles sur le territoire.

Le gouvernement du Québec pourra jouer un rôle **d'incitation** des acteurs. Dans certains domaines, les institutions définissent leurs propres missions, et ont une grande latitude pour atteindre les objectifs qu'elles se fixent. C'est le cas de l'éducation supérieure, où les universités déterminent leurs propres objectifs ainsi que les actions locales et internationales requises pour les atteindre, même si une partie importante de leur financement provient du budget du gouvernement provincial. Les autorités gouvernementales peuvent jouer un rôle important vis-à-vis de ces établissements et les encourager à adapter leurs actions aux besoins stratégiques de la métropole et à son contexte socio-économique, en complément d'une approche proactive de la Ville vis-à-vis de ses partenaires du domaine de l'éducation, qui pourrait ne pas être suffisante pour modifier leur comportement. Les pouvoirs publics ont d'autres moyens, entre autres financiers, qu'ils peuvent utiliser pour inciter ces acteurs importants à s'engager sur la voie de projets communs tels que détaillés dans les pistes d'action contenues dans ce rapport. Ces moyens devront notamment être déployés pour encourager les universités et cégeps à travailler ensemble dans le but de faire progresser davantage d'individus vers les études universitaires ; et pour renforcer le rôle des universités dans le développement de l'économie montréalaise.

La Ville, par son leadership, aura un rôle multiple dans la mise en œuvre des actions à mener dans les différents domaines présentés dans ce rapport.

Tout d'abord, il s'agira de **mettre en place, piloter ou renforcer** certains dispositifs. C'est le cas des services que la Ville anime pour soutenir les PME, qui devront être davantage tournés vers les processus d'innovation interne et l'internationalisation. En collaboration étroite avec ses partenaires, une action forte devra être lancée visant à atteindre de nombreuses PME et en particulier de très petites entreprises afin de rehausser l'utilisation qu'elles font des compétences de leurs employés et de corriger leurs faiblesses avec des moyens appropriés. La Ville devra également renforcer ses initiatives mobilisatrices et génératrices d'innovation ascendantes, et les élargir de manière à ce qu'elles fournissent des pistes pour une meilleure utilisation des talents au sein des entreprises montréalaises.

Ensuite, il s'agira pour Montréal d'embrasser un nouveau **rôle fédérateur** d'organisations pour combler les lacunes du cadre d'intervention existant et renforcer les actions qui le nécessitent, dans des domaines où son rôle n'est pas central. Ce sera le cas pour décloisonner les grappes industrielles, où un certain nombre d'intervenants sont impliqués. Elle aura un rôle essentiel pour mieux adapter les programmes et services aux immigrants, et notamment pour relier les employeurs aux formateurs et aux groupes d'immigrants, en s'inspirant d'expériences provenant d'ailleurs au Canada.

La Ville peut utiliser le levier de son leadership fort pour **impliquer le secteur privé** et garantir son soutien dans la poursuite des différents objectifs. Qu'il s'agisse d'internationaliser les PME et de renforcer l'utilisation des compétences, d'impliquer les employeurs dans la conception des programmes de formation, de favoriser l'innovation ascendante ou d'établir des passerelles avec la formation et les services de soutien à l'insertion des immigrants, le partenariat avec le secteur privé sera un gage de succès. Le maire devra donner un rôle important aux entreprises de Montréal dans l'orientation et la mise en œuvre de nombre d'actions clés, tout en gardant le cap de cette mission importante.

Par-dessous tout, Montréal peut aller plus loin et donner un **exemple fort d'intégration.** Comme Lyon et Manchester qui ont obtenu des pouvoirs accrus dans certains domaines et ont utilisé cette opportunité pour adopter une approche plus large du développement socio-économique de leur territoire, Montréal peut projeter une vision à long terme englobante et mobilisatrice. L'évolution vers un statut de métropole pour la Ville de Montréal offre une opportunité d'aller vers une plus grande intégration entre les stratégies de développement économique, d'emploi et de développement des compétences à l'échelle métropolitaine. Bien que la Ville n'ait pas de compétence en matière d'éducation et de formation, elle doit réaliser à quel point une forte coordination à l'échelle métropolitaine est nécessaire. Il est crucial que la Ville joue un nouveau rôle pour mieux associer les universités, les cégeps et les employeurs au projet commun et pour encourager les synergies nécessaires entre ces acteurs.

Finalement, la Ville pourra jouer un rôle important **en se portant garant** de la réussite de la stratégie. Pour être couronné de succès, le projet doit s'appuyer sur un principe de responsabilité. Toute une série d'intervenants souhaitent contribuer à faire de Montréal une métropole de talent à l'échelle nord-américaine. De par son leadership fort, le maire est en bonne posture pour réunir les milieux économiques, de la recherche, de l'éducation, de la formation et de l'intégration sociale, en provenance des secteurs public, privé et non-gouvernemental sur le territoire de la métropole. Le maire peut également faire intervenir différents niveaux de gouvernance métropolitains en fonction des enjeux, ce qui est un avantage important. Mais comme dans tout projet mené en partenariat, des lenteurs bureaucratiques et des manques d'engagement divers sont à prévoir. En portant la responsabilité du projet, et en la traduisant par une obligation de rendre des comptes pour tous les partenaires concernés, le maire pourra faire plus que tout autre pour en atteindre les résultats espérés, et pour faire du statut de métropole le déclencheur de la transformation de Montréal.

Références

OCDE (2015a), *Création d'emplois et développement économique local (Version abrégée)*, Éditions OCDE, Paris, *http://dx.doi.org/10.1787/9789264230477-fr*.

OCDE (2015b), *The Future of Productivity*, Éditions OCDE, Paris, *http://dx.doi.org/10.1787/9789264248533-en*.

Puga, D. (2010), « The magnitude and causes of agglomeration economies », *Journal of Regional Science* 50(1): 203-219.

ORGANISATION DE COOPÉRATION ET DE DÉVELOPPEMENT ÉCONOMIQUES

L'OCDE est un forum unique en son genre où les gouvernements œuvrent ensemble pour relever les défis économiques, sociaux et environnementaux liés à la mondialisation. À l'avant-garde des efforts engagés pour comprendre les évolutions du monde actuel et les préoccupations qu'elles suscitent, l'OCDE aide les gouvernements à y faire face en menant une réflexion sur des thèmes tels que le gouvernement d'entreprise, l'économie de l'information et la problématique du vieillissement démographique. L'Organisation offre aux gouvernements un cadre leur permettant de confronter leurs expériences en matière d'action publique, de chercher des réponses à des problèmes communs, de recenser les bonnes pratiques et de travailler à la coordination des politiques nationales et internationales.

Les pays membres de l'OCDE sont : l'Allemagne, l'Australie, l'Autriche, la Belgique, le Canada, le Chili, la Corée, le Danemark, l'Espagne, l'Estonie, les États-Unis, la Finlande, la France, la Grèce, la Hongrie, l'Irlande, l'Islande, Israël, l'Italie, le Japon, le Luxembourg, le Mexique, la Norvège, la Nouvelle-Zélande, les Pays-Bas, la Pologne, le Portugal, la République slovaque, la République tchèque, le Royaume-Uni, la Slovénie, la Suède, la Suisse et la Turquie. L'Union européenne participe aux travaux de l'OCDE.

Les Éditions OCDE assurent une large diffusion aux travaux de l'Organisation. Ces derniers comprennent les résultats de l'activité de collecte de statistiques, les travaux de recherche menés sur des questions économiques, sociales et environnementales, ainsi que les conventions, les principes directeurs et les modèles développés par les pays membres.

À PROPOS DU PROGRAMME LEED

Depuis 1982, le Programme de l'OCDE concernant le développement économique et la création d'emplois au niveau local (LEED) conseille les pouvoirs publics et les collectivités sur la manière de s'adapter au changement économique et de faire face à des problématiques complexes au sein d'un monde en mutation rapide. Sa mission consiste à contribuer à la création d'emplois plus nombreux et de meilleure qualité par une mise en œuvre plus efficace des politiques publiques, des pratiques innovantes, des capacités plus fortes et des stratégies intégrées à l'échelon local. Il s'appuie sur des analyses comparatives des expériences menées sur les cinq continents pour soutenir la croissance économique, l'emploi et l'inclusion. Pour plus d'informations sur le programme LEED, consulter le site : *www.oecd.org/cfe/leed*.

ÉDITIONS OCDE, 2, rue André-Pascal, 75775 PARIS CEDEX 16
(84 2016 09 2 P1) ISBN 978-92-64-26444-1 – 2017

www.ingramcontent.com/pod-product-compliance
Lightning Source LLC
Chambersburg PA
CBHW082347220526

45470CB00008B/2677